17 edzés

A kitaposatlan ösvény
az élet kínálta lehetőségek kiaknázásához

Garnet Morris
és Olivia Chadwick

A mű eredeti címe: 17 Runs. The Unbeaten Path to Unlock Life's True Potential

Copyright© 2025 by Olivia Chadwick and Garnet Morris.

Minden jog fenntartva.

Jelen kiadvány egyetlen része sem sokszorosítható, nem tárolható számítógépben, és nem terjeszthető sem mechanikus sem elektronikus formában, fénymásolatban, vagy bármilyen más módon a szerző előzetes hozzájárulása nélkül. Rövid idézetek könyvismertetés céljából felhasználhatók.

ISBN: 970-8-9997370-8-3 (e-könyv)

ISBN: 979-8-9997370-7-6 (papírkötés)

ISBN: 979-8-9997370-6-9 (kemény kötés)

Ha szeretnél többet megtudni Olivia Chadwickről és Garnet Morrisról, olvasd be az alábbi QR-kódot:

„Nem az a lényeg, hogy ugyanaz maradj egész életedben, hanem hogy növekedj, hogy valóban növekedj és megnyílj, növekedj a látásban, a tudatosságban."

-Paula D'Arcy

Méltatások a könyvről

„A *17 edzés* inspiráló történetei és praktikus gyakorlatai arra ösztönzik az olvasót, hogy ne zárkózzon el a diszkomforttól, fejlessze a pszichológiai rugalmasságát, és aknázza ki a bene rejlő potenciált. A kötet egy hatékony útmutató a korlátozó meggyőződések leküzdéséhez, a jó szokások kialakításához és a céltudatos élethez."

-Dr. Bal Pawa, a *The Mind-Body Cure* szerzője és a Westcoast Women's Clinic társalapítója.

„Mi kell ahhoz, hogy szembenézz a legnagyobb félelmeiddel, hogy megkérdőjelezd azokat a meggyőződéseidet, amelyek visszatartanak, és hogy legyen bátorságod tovább lépni? Olvasd el Garnet Morris és Olivia Chadwick *17 edzés* című könyvét és megtudod. A nyers, inspiráló történetek és a praktikus gyakorlatok megváltoztatják az életedet."

-Joe Polish, a Genius Network és a Genius Recovery alapítója

„A *17 edzés* egy megvilágosító és jellemformáló önfelfedező utazás. Morris nyers, kendőzetlen őszintesége és Chadwick érzelmi mélysége és egyenessége a könyv elolvasása után is sokáig elkísérik az olvasót."

-Teri Cochrane, táplálkozási tanácsadó és integratív terapeuta, a *The Wildatarian Diet: Living as Nature Intended,* Amazon bestseller, szerzője

"A szokásokról, álmokról, értékekről és a választott család fontosságáról szóló meglátásokkal átitatott *17 edzés* egy igazi útmutató a céltudatos személyiségfejlődéshez. Morris és Chadwick történetei megtanítanak megszabadulni a korlátozó meggyőződésektől és erkölcsi integritással élni az életet."

-Derek Norsworthy, vállalkozó

"Garnet Morris és Olivia Chadwick az erős jellem, a határozottság és az érzelmi bátorság példaképei. Könyvük olyan lépéseket mutat be, amelyek segítségével a saját életünkben is megvalósíthatjuk a tanultakat. *A 17 edzés,* amely a lélek rugalmasságát mutatja be, több mint egy lebilincselő olvasmány; ez egy útmutató az átalakuláshoz."

-Rich Christiansen, *Wall Street Journal* bestseller szerző, vállalkozó és emberbarát

"*A 17 edzés* megerősített a személyes fejlődés iránti elkötelezettségemben, és ajtót nyitott a tinédzserjeimmel folytatott tartalmas beszélgetések számára a kihívások leküzdéséről és saját jövőjük alakításáról. Bárcsak 13 éves koromban olvastam volna ezt a könyvet!"

-Jeremy Stich MD, orvos és vállalkozó

"*A 17 edzés* bemutatja azokat a kulcstényezőket, amelyekre mindenkinek szüksége van ahhoz, hogy haladjon a fejlődés útján, és kiaknázza a benne rejlő potenciált, hogy felfedezze és megvalósítsa önmaga legjobb változatát."

-Taiki Shickele, kutatási asszisztens, Fizikai és Csillagászati Tanszék, Brit Kolumbiai Egyetem

„*A 17 edzésben* Chadwick és Morris magával ragadó elbeszélést sző, arról hogyan emelkedtek a körülményeik fölé, hogyan változtatták az álmokat kézzelfogható eredményekké és hogyan hozták létre a választott családot. A kötet arra ösztönzi az olvasót, hogy bátran szabadítsa fel a benne rejlő potenciált."

-Tim Christiansen, az Adventure Yeti Marketing alapítója, a Classy Kin-Family Legacy Branding & Apparel üzlettársa.

„*A 17 edzés* megtanít arra, hogy a kudarcok miért a legnagyobb tanítóink a rendkívüli teljesítményekhez vezető úton. Ez nem csupán egy útmutató - ez egy mesterkurzus arról, hogyan törjünk át minden akadályon, azért, hogy megvalósítsuk legmerészebb álmainkat."

-Dorine Rivers, PhD, vállalkozó és a *Brain to Bank: How to Get Your Idea Out of Your Head and Cash In* című könyv szerzője

„Chadwick jól kidolgozott és magával ragadó történetei tökéletesen érzékeltetik Morris meglátásaiban rejlő igazságot és bölcsességét. Több ezer üzleti és önsegítő könyvet olvastam, *a 17 edzés* a top 10-ben van nálam."

-Matt Nealand, B.S., EMT-LP, EMS programigazgató, EMTS Academy and St. David's Round Rock, Medical Center Paramedic Program Consortium

Ezt a könyvet a Kiváló Keenannak és a világ összes Keenanjának ajánljuk, akik korán szembesültek az élet kihívásaival. Legyen ez a könyv tisztelgés a hihetetlen belső erőtök előtt, és segítség ahhoz, hogy továbbra is felülkerekedjetek a nehézségeken. Végtelenül büszkék vagyunk rátok, és reméljük, hogy ez a könyv emlékeztet benneteket arra, hogy milyen erősek és elszántak vagytok.

Tartalom

QR-kód	1
Előszó	11
Prológus	15
1. A falat alkotó téglák azonosítása és eltávolítása	21
Elmélkedés	29
Hogyan azonosítsuk és távolítsuk el a falat alkotó téglákat	
2. A siker jó szokásokra épül	38
Elmélkedés	46
A jó szokások kialakítása	
3. Az álmok felszabadítják a képzeletünket	53
Elmélkedés	60
Tanulj meg nagyot álmodni	
4. A sikeres élet lényegi részét az értékek képezik	68
Elmélkedés	76
Alapvető értékeink azonosítása és megélése	
5. Nagylelkűség: Adni jó	85
Elmélkedés	92
Növekedjünk a nagylelkűségben	
6. A célok vezetnek a sikerhez	99
Elmélkedés	104
Konkrét célkitűzések	
7. Diszkomfort: Ha nem lépsz ki a komfortzónádból, nincs fejlődés	112
Elmélkedés	121
Hogyan váljon komfortossá a diszkomfort zóna	
8. Rugalmasság: Felállni a kudarcok után	127
Elmélkedés	134
Elbukni majd újra felállni	
9. Egyedinek lenni az jelenti, hogy idioszinkráziáink szuperképességek	138
Elmélkedés	143
Önmagunk megtalálása, elfogadása és megvalósítása	

10. Választott család 147
Elmélkedés 152
Az vagy, akikkel körülveszed magad
Utószó 157
Következtetés: Integritással élni az életet 160

I. függelék 164
II. függelék 168
III. függelék 174
A szerző megjegyzése 177
A szerzőkről 178
A kiadóról 180

Előszó

Amikor Garnet először keresett meg a könyv megírásával kapcsolatban, éppen Vancouverben voltunk, és a szállodánktól az egyik legjobb helyi olasz étterembe tartottunk, egy nagyobb csoport társaságában. Látogatásunk célja Rich Christiansennel való találkozásunk, aki a Legado Family alapítója és a családi kötelékteremtő élmények szakértője. A „választott család" fogalmával ismerkedtünk, amely akkor még idegen volt számunkra, de e könyv megírása során előtérbe került.

Ahogyan az a zsúfolt városban sétáló nagyobb csoportokra jellemző, kettesével, hármasával haladtunk az úti célunk felé. A csoportok kialakulását a befejezetlen beszélgetések, a gyaloglási tempó vagy az ismerkedési szándék befolyásolta. Az ilyen röpke összeverődések, mint például az étteremhez vezető rövid séta erejéig, elegendő időt kínáltak egy nyílt beszélgetéshez, biztonságos keretek között. Garnettel egymás mellett haladtunk, miután a nap folyamán egy hosszú tárgyalóterem ellentétes végében ültünk. A csoport többi tagjának valószínűleg feltűnt, hogy intenzív beszélgetésbe bocsátkoztunk, ugyanis azon kaptuk magunkat, hogy kissé lemaradva, mindenki mögött andalogtunk. Mindketten felismertük, hogy ez egy jó alkalom arra, hogy pár szót váltsunk, de Garnetnek valami más is

motoszkált a fejében.
Előrukkolt egy könyv megírásának ötletével, amely már régóta érlelődött benne.

Ez nem volt meglepő számomra hiszen tudtam, hogy már jó ideje gondolkodott azon, hogyan oszthatná meg a világgal a meggyőződéseit és tapasztalatait, és hogy ezzel talán másoknak is segíthetne leküzdeni saját nehézségeiket. A könyvvel kapcsolatos elképzelései viszont változtak. Most már nem az egész világnak szánta a könyvet, hanem a fiamnak, Keenannek.

Kibontakozó kapcsolatunk során Garnet közel került Keenanhoz, és egy közös vacsora alkalmával, a „Kiváló Keenan" elnevezéssel illette. A név rajta ragadt, nemcsak azért, mert Gartnet őszinte érzéseit fejezte ki, hanem azért is mert hatéves korában Keenan úgy viselte ezt a nevet, mint egy címet, és harmadik személyben hivatkozott magára. Keenan úgy tekintett Garnetre mint egy nagyapára, mentorra, és barátra – míg Garnet fiatalkori önmagát vélte felfedezni Keenanben. Ennek okán, Keenan nevelése és a benne rejlő potenciál feltárása, új életcélt adott Garnetnek. Ez lehetőséget kínált számára, hogy az átélt nehézségeket olyan jelentőségteljes tanulságokká formálja, amelyeket közvetlenül továbbadhat (ez Garnet nagylelkűség iránti mély elkötelezettségének kifejezése, amely egy visszatérő motívum a könyvben).

Garnet kifejtette, hogy a könyv megírásával a Dan Sullivan által ajánlott **négy jó szokást** akarta megosztani Keenannel. Dan Sullivan, a Strategic Coach® társalapítója az alábbi négy jó szokás betartását ajánlja:

1. Légy pontos.
2. Tarts be, amit mondasz.
3. Fejezd be, amit elkezdtél.
4. Használd a *kérlek* és *köszönöm* szavakat.

17 edzés

Ezeket a szokásokat Garnet a nehezebb úton tanulta meg, és jelentős sikereinek nagy részét ezeknek tulajdonította. Velem is megosztotta őket, és mindketten egyetértettünk abban, hogy egyszerűségük ellenére igencsak erőteljesek. Garnettel már korábban is beszélgettünk arról, hogy milyen nehéz betartani ezeket a viselkedési alapelveket, bármilyen egyszerűnek is tűnjenek — ugyanakkor abban is egyetértettünk, hogy ha következetesen és megingás nélkül követjük őket, csodálatos eredményekhez vezethetnek.

Sullivan négy alapelvével nem ért véget a beszélgetésünk; épp ellenkezőleg, ez csak kiindulópontként szolgált ahhoz, hogy mélyebb vizekre evezzünk, mint amilyenre bármelyikünk is számított volna (legalábbis én nem). Garnet megosztotta velem, hogy az *én* támogatásomra lenne szüksége, hogy ez a könyv életre keljen. Szüksége volt valakire, aki a társadalomtudományok és a pszichológia területén jártas, hogy hitelességet kölcsönözzön a tanulságoknak, — de ami ennél is fontosabb, szüksége volt valakire, aki segít reflektálni azokra a pillanatokra és tapasztalatokra, amelyeket az évek során átéltünk, hiszen különleges kapcsolat volt köztünk. Amikor először találkoztunk, Garnet fitneszedzője voltam, és a kapcsolatunk szigorúan szakmai jellegű volt. Idővel azonban mély barátsággá alakult át - és végül hivatalosan is úgy döntöttünk, hogy családtagnak tekintjük egymást. (Részben ezért is voltunk Vancouverben.)

Garnet új elképzelése szerint, a kapcsolatunk íve és a számtalan, sorsfordító beszélgetésünk képezi majd a könyv vázát. A történetünket elsősorban az én szemszögemből mutatjuk be — részben azért, mert Garnetnek nem állt érdekében hagyományos önsegítő könyvet írni vagy saját sikerét felnagyítani, részben pedig azért, mert én részletesebben be tudtam mutatni a kapcsolatunk, rám és a fiamra, Keenanra gyakorolt hatását. Azzal, hogy ebből a szemszögből mutattuk be a történetünket, teret adtunk az olvasónak, hogy megfogalmazza saját meglátásait.

Azzal a bizonyos nappal kezdetét vette társszerzői utazásunk, amely olyan egybehangzó nézetek és személyes felfedezések világába vezetett, amilyenre nem is számítottunk. Számos vázlat és verzió után, a *17 edzés* cím mellett állapodtunk meg, egyrészt azért, mert a barátságunk a közös edzések során alakult ki, másrészt pedig azért, mert a kész művet akkor szándékoztuk átadni Keenannak, amikor betölti ezt az életévet.

Mi emberek szeretünk történeteket mesélni, és ezen utazásunk során azt tapasztaltuk, hogy sok minden, amiről azt hittük, hogy tudjuk magunkról és egymásról — amit úgy gondoltunk, hogy tanulságok egyszerű gyűjteményeként mutatunk be — fokozatosan valami sokkal nagyobbá nőtte ki magát. De hogyan is láthattuk volna előre, hogy a közös könyv megírása milyen személyiségformáló hatással lesz ránk?

A *17 edzés* végső változata tisztelgés azon érzelmi és filozófiai témák előtt, amelyeket Garnettel nagyon sokszor megvitattunk az évek során (és a mai napig is vitatunk). Célunk nem az, hogy egy hivatalos útmutatót adjunk az élet küzdelmeihez, hanem inkább az, hogy a könyvbe foglaltak elmélkedésre és párbeszédre késztessék az olvasót. Reményeink szerint, a könyv vigaszt és inspirációt nyújt a korlátozó meggyőződések leküzdéséhez, az olvasó erőt merít a maga által választott családból, és újra megtanul álmodni. Ugyanakkor, ez a könyv egy nagyon személyes vallomás arról a szeretetről és tiszteletről, amelyet Garnet és én egymás iránt érzünk – először, mint barátok, végül pedig mint választott családtagok.

-Olivia Chadwick, 2025

Prológus

Nagy veszteség lett volna, ha Garnet és én nem találkozunk, hiszen szívből jövő beszélgetéseink mindkettőnknek oly sokat tanítottak arról, hogyan éljünk tisztességesen. Visszatekintve, mindez a fejlődés valószínűleg kimaradt volna az életemből.

Amikor Garnet az ügyfelem lett, éppen a személyi edzői vállalkozásomat építettem, és főként hozzá hasonló vezérigazgatókkal dolgoztam. Garnet egy barátommal edzett, viszont a Garnet időbeosztása annyira kiszámíthatatlan volt, hogy az edzések közel felét rendszeresen lemondta. Nem tudom, miért, de engem az ilyesmi nem zavart; nem volt gondom azzal, ha változott a beosztásom. A barátom tudta, hogy én ezt elég lazán kezelem, ezért felhívott. — Nagyon kedves — mondta —, de nem tudok mit kezdeni a következetlenségével.

Így a következő szombaton sor került az első edzésre Garnettel. Nagyon keveset tudtam róla, azt leszámítva, hogy biztosításokkal foglalkozik — na és persze azt, hogy kiszámíthatatlan.

Ami a következő év során derült ki, azt még most is nehezemre esik elhinni. Két és fél évtized különbséggel születtünk a világ két különböző részén. Ő alig múlt 50, amikor találkoztunk, én pedig közeledtem a 30-hoz; ő Kanadából származik, én pedig Angliából. Viszont gyermekkorunk és az abban az időszakban megélt rendkívüli nehézségeink kísértetiesen hasonlítottak egymásra, és ezek vezetett el minket ehhez a valószínűtlen találkozáshoz.

Garnet gyermekkoráról apránként szereztem tudomást. Mint megtudtam, több okból sem szeretett róla beszélni: nem akarta, hogy sajnálják, és nem akarta, hogy emiatt másként kezeljék, vagy olyasmit adjanak neki, amit szerinte nem érdemelt ki. Mindenekelőtt nem akarta a gyermekkorát ürügyként használni arra, hogy ne érje el azt, amiről tudta, hogy képes rá. Amit, azonban, rendre mesélt nekem a gyermekkoráról, az szívszorító volt.

Garnet szegény családban született, hat gyermek közül ő volt a második legidősebb. Édesanyja nagyon fiatal volt, amikor Garnet született, és részben a kora és a körülményei miatt kegyetlen tudott lenni. Garnet legidősebb nővérét elküldte otthonról, hogy máshol nevelkedjék, amikor még csak négyéves volt, és Garnettet olyan dolgokért büntette, amelyekről ő nem tehetett, mint például a rossz egészségi állapota. Kamaszkorában, amikor éppen kezdett volna elszakadni a családjától és megtalálni önmagát, egy családi barát szexuálisan zaklatta, ami a szégyen és az önutálat lejtőjére taszította. Attól a pillanattól kezdve eltökélte, hogy nem számíthat senki másra, csak saját magára.

Feltett szándéka volt, hogy ő egy másfajta életet éljen, és ez sikerült is neki. Már fiatalon megismerte a pénzügyi sikert, még 25 éves sem volt. Hitelt vett fel és megvásárolt egy szállodát. Veleszületett üzleti érzékének köszönhetően rövid időn belül meggazdagodott. Megnősült, két lánya született, és közel két évtizeden át minden jól ment, de ez nem maradt így. Egymást követően két testvére öngyilkosság áldozata lett, szüleit pedig annyira felemésztette a gyász, hogy neki egyedül kellett megküzdenie a helyzettel.

Beszélgetéseink annyira intenzívek és mélyek voltak, hogy gyakran az volt a kérdés, ki fogja előbb megríkatni a másikat. Mint kiderült, mindkettőnk életét hasonlóan sötét, meghatározó események tarkították, ami már önmagában is ritka; ennek valószínűsége *és az,* hogy ráadásul kozmikus kapcsolatot is érezzünk egymás iránt, gyakorlatilag hallatlan. Minél többet tudtam meg Garnetről, annál jobban megdöbbentem, mert én is hasonló nehézségeken mentem keresztül. A családom a munkásosztályhoz tartozott, és amikor a szüleim elváltak, apám elhagyott minket és a gyerekneveléssel járó felelősséget. Hamar megtanultam, hogy ne keltsek feltünést és ne okozzak gondot. Saját magamba zárkóztam, ami csak egy adott ideig működött. Evészavarral küzdöttem, és hamarosan előástam egy emléket, arról, hogy a nagybátyám molesztált. Évekig menekültem az igazság elől, míg végül nem tudtam tovább menekülni, és szembe kellett néznem az érzelmi fájdalommal és traumával, amit okozott. Addigra újabb csapás ért: a nővérem, aki zseniális és meggyötört volt, 22 évesen öngyilkosságot követett el.

Ahogy, a közös edzések alatt, fény derült ezekre a kísérteties hasonlóságokra, Garnet és én egyre jobban megnyíltunk egymás előtt. Megosztottuk egymással, hogy a körülményeink miként akadályoztak és motiváltak; hogyan váltak hasznunkra és okoztak fájdalmat egyidőben. Mivel 20 évvel idősebb volt nálam, Garnet már előrébb járt a gyógyulási folyamatban. Az üzleti életben is előrébb járt jó pár millió dollárral, annak ellenére, hogy útközben elkövetett néhány végzetes hibát, és majdnem mindenét elvesztette. Mivel nem szerette volna, hogy én is elkövessem ugyanazokat a hibákat — és mivel az üzleti viszonyunk egyre inkább átalakult barátsággá — némileg akaratlanul is elkezdte megosztani velem az évek során szerzett tapasztalatait (és ez jóval azelőtt történt, hogy felmerüljön a közös könyv kérdése). Az edzéseink nagy része futáson alapult, és ahogy ez gyakran megesik az e fajta fizikai aktivitás során, a falak elkezdtek leomlani.

Garnettel gyakran megvitattuk a családról vallott hitrendszerünket. Ez a hitrendszer nem vallási szempontból értendő, hanem inkább arra az értékrendre vonatkozik, amelyben nevelkedtünk.

Mindketten abban a hitben nevelkedtünk, hogy nem vagyunk szerethetőek, hogy valami gond van velünk, mert nem illettünk bele a családunkba. Egyes családok a növekedést és a változást támogatják, míg mások a változástól való félelemben élnek, és elvárják, hogy mindenki beálljon a sorba és ugyanazt tegye. Azok számára, akik ilyen családi rendszerben nőnek fel, a változás rendkívül nehéz lehet.

Garnet legmélyebb meggyőződése azonban az volt, és az is maradt, hogy mindannyian képesek vagyunk legyőzni a nehézségeket, és olyan életet élni, amilyet élnünk kell, ha hajlandóak vagyunk tisztességesen élni. Ezt a nézetet mindig is osztottam, viszont soha nem fogalmaztam meg ilyen világosan, mielőtt találkoztunk volna.

Minél többet beszéltünk erről, annál inkább rájöttünk, hogy az utunkba állított akadályok közül sokat legyőztünk vagy megváltoztattunk, bizonyos lépések szándékos — és gyakran nehéz — megvalósításával. Ilyen lépések voltak például megtanulni újra álmodni, jó szokásokat kialakítani, a *valódi* személyes értékeink felismerése, konkrét célok kitűzése, és megbarátkozni a diszkomforttal. Miután számtalanszor megvitattuk ezeket a témákat, rájöttünk, hogy a beszélgetéseink alapvető változásokat hoztak az életünkbe. Ezért meg akartuk osztani beszélgetéseinket másokkal is, akik hasonló gondokkal küszködtek, és akiknek hasznukra válhatnak. A végső cél az volt, hogy elérhetővé tegyük számukra azokat az eszközöket és ötleteket, amelyeket mi is felhasználtunk és megvitattunk, annak érdekében, hogy legyőzzük saját korlátainkat, és elkezdjük élni azt az életet, amit igazán megálmodtunk. Úgy véltük, hogy ha mi képesek voltunk rá, bárki más is képes rá.

Garnettel felismertük, hogy előbb le kellett rombolnunk a falakat, amelyeket magunk köré építettünk, ahhoz, hogy a kapcsolatunk formálni tudjon bennünket. A könyv írása közben rájöttünk, hogy ugyanez az elv vonatkozik a szerző és olvasó kapcsolatára. Garnet egyszer így fogalmazott: „Ha nyitott vagy, talász embereket - de az embereknek tudniuk kell, hogy keresed őket." Tudomásul vettük, hogy nem sorolhatjuk csak úgy fel a fontos tanulságokat, vagy nem állíthatjuk magunkról, hogy mindenre tudjuk a választ. Mivel a nehézségeinket úgy tudtuk legyőzni, hogy előbb felszínre hoztuk őket, ugyanígy járunk el ebben a könyvben is. Ezek az oldalak csak olyan tanulságokról beszélnek, amelyeket saját megélt tapasztalatainkból és a nehezen megszerzett sebezhetőségből merítettünk — és nem a szószékről vagy bármilyen szónoki emelvényről hangzanak el. Ez azt jelenti, hogy a „tanulságok" (igazából olyan dolgok, amin érdemes elgondolkodni) az által fognak kibontakozni, hogy bemutatjuk miként romboltuk le saját falainkat, ahhoz, hogy ez a kapcsolat fejlődni tudjon.

A könyv eseményei kapcsolatunk első évét mutatják be. Egyes fejezetek egyetlen edzés köré épülnek, amely egy adott emlékhez vagy pillanathoz kötődik — habár Garnettel gyakran hetekig folytattuk a beszélgetést egy adott témáról. Minden fejezetet egy összegzés követ, olyan kérdések, amelyeken érdemes elgondolkodni, és olyan gyakorlatok, amelyek segítenek megtalálni a helyes irányt.

A fejezetek között önálló életképek mutatják be, hogy Garnet és én milyen háttérből jövünk, az egymással való kapcsolatunkon túlmenően. Ezek szerepe az átláthatóság és a szövegösszefüggés megteremtése, mert olyan mérföldköveket mutatnak be, amikor az életutunk visszafordíthatatlanul megváltozott (ugyanakkor tisztelgések Mitch Albom *Keddi beszélgetések életről és halálról* című könyve előtt is, amely mindkettőnkre hatással volt). Ezek a részek mélységesen fájdalmas élményeket mutatnak be, valamint olyan akadályokat, amelyekkel szembesültünk, és azt, hogy hogyan győztük le őket. Míg az edzéseket bemutató fejezetek közös szemszögből íródtak, ezek az Életképek saját szemszögünkből kínálnak betekintést az életünkbe.

A könyv végén, pedig, további olyan forrásokat talál az olvasó, amelyek reméljük segítségére lesznek az útján és amelyek közül sokat mi magunk is használtunk.

Az út számomra rögös volt, de sorsfordító. Évekkel ezelőtt kiábrándultam a fitnesziparból, abból, hogy valószerűtlen testnormákra fokuszált, a testmozgásra fájdalomként vagy büntetésként tekintett, és a fogyásra, mint az egészség alapvető előfeltételére. Személyes és szakmai életutam során felfedeztem az önegyüttérzés világát, és a vágyat, hogy ezt az üzenetet minél több emberhez eljuttassam (és az együtt töltött idő alatt, Garnet segített vizualizálnom azt, hogyan terelhetném a vállalkozásomat ebbe az irányba).

Nem volt mindig könnyű — sőt, néha kifejezetten nehéz volt —, de mindez megtanított arra, hogy mennyi mindenre képes vagyok, és hogy mi mindent kell még megtennem. Ebben a könyvben bemutatjuk azokat a lépéseket, amelyeket annak érdekében tettünk, hogy felfedezzük, kik is vagyunk valójában, mit akarunk az élettől, és hogyan érhetjük el céljainkat — főként akkor, amikor mi magunk határozzuk meg az életünket, és nem a családunktól örökölt értékek alapján.

Az első évben 200 alkalommal edzettünk közösen Garnettel. Reméljük, az olvasó is velünk tart ezek közül néhányra. Azáltal, hogy megosztjuk azokat a felismeréseket, amelyek a legtöbbet segítettek nekünk, reméljük, hogy mások is tanulnak a történeteinkből, és elkerülhetik azokat a hibákat, amelyek felesleges szenvedéshez vezethetnek. Reméljük, hogy a történetünk azt tükrözi, hogy bárki, bármilyen háttérrel, élhet olyan életet, amilyet megálmodott magának — bár ez kezdetben némi diszkomforttal jár és az integritás iránti élethosszig tartó elkötelezettséggel.

-Olivia Chadwick

1. A falat alkotó téglák azonosítása és eltávolítása

„*Ha eltévedtél, tudnod kell, hogy mindannyian eltévedtünk, de kapunk útbaigazítást - Furcsa Angyalok és Alvó Óriások vezetnek bennünket, a jobb és kedvesebb természetünk, a bennünk lüktető hang. Kövesd ezt a hangot, mert Ez az út - a hős útja, az élet, amit érdemes élni, az ok, amiért itt vagyunk.*"

-*Elizabeth Lesser*

Nap: 2011. október 1.
Óra: hajnali 5 óra
Edzés: 10

Kora ősztől tavaszig, a saskatchewani Saskatoonban, a nap csak 8 óra után kel fel. Hétfőn, szokás szerint, mindenki más előtt ébredtem, hogy elkészüljek a Garnettel való edzésre.

Körülbelül egy hónapja dolgoztunk már együtt, és lassan kezdtem megismerni őt. Mint minden ügyfelemmel, az első néhány edzésen arra törekedtem, hogy minél jobban megismerjem, és eldöntsem, hogy milyen jellegű edzésprogram lenne a legmegfelelőbb számára, figyelembe véve a fizikai erőnlétét, a kitűzött célokat és a személyiségét.

Egyik fő célja a szív- és érrendszer egészsége volt, ezért eddig a futásra összpontosítottunk. Aznap reggelre egy hat és fél kilométeres futást terveztem. Amikor azonban kinéztem az ablakon a koromsötétbe, enyhe pánik fogott el, ugyanis az éjszaka során mindent belepett a hó.

A szekrényemben turkálva a plusz egy réteg ruha után, próbáltam kiötölni egy tartalék tervet arra az esetre, ha Garnetnek nem lenne kedve a dermesztő hidegben futni. Miután magamra öltöttem a ruhát, a hálószobából a konyhába osontam, igyekezve, hogy ne csapjak semmi zajt. A párom, a hároméves fiunk és a bérlő, aki az alagsort bérelte, még mind aludtak. A legkevésbé sem szerettem volna felébreszteni a csöppségemet, ami jelentősen késleltetett volna, és valószínű a párom és a bérlőm sem örült volna neki.

Nagyjából így nézett ki minden reggelem, és általában sötétben készülődtem. Rápillantottam az órára: hajnali 4:45. Garnet csupán hét percnyire lakott tőlünk, de nem szerettem volna elkésni. Felkaptam egy üveg vizet, kihagytam a reggelit és a kávét, és elindultam.

Garnet egy gyönyörű nyolcemeletes társasházban lakott, a South Saskatchewan folyó déli partján. Néhány hónapja lakott ott, a válását követően. Több mint harminc évig volt házas az első feleségével, és két közös gyermekük született; de ahogy az oly gyakran előfordul, eltávolodtak egymástól. Habár nem bocsátkozott részletekbe, a vele folytatott beszélgetésekből úgy éreztem, hogy nehéz volt számára a bekövetkezett változás, és hogy személyes kudarcként élte meg.

Garnet a földszinten várt rám, amikor megérkeztem. Makulátlan öltözetben, mint amúgy mindig, és úgy nézett ki, mint aki frissen zuhanyozott, pedig éppen edzeni indultunk. Fejét kopaszra borotválta és egyetlen edzésünkön sem fordult elő, hogy akár egy milliméternyi borosta is lenne rajta. Ez azért tűnt fel, mert tapasztalataim szerint a siker és a jó megjelenés összefüggésben áll — különösen egy olyan napszakban, amikor sokan nem tulajdonítanának jelentőséget a megjelenésnek. Ez önbecsülésről tanúskodott, és arról, hogy mindig magasra tette a lécet, helyzettől vagy tevékenységtől függetlenül. Garnet intett, amikor beléptem, és égszínkék, ragyogó szemei barátságosan néztek rám.

— Úgy terveztem, hogy a szabadban futunk ma — mondtam, ahogy felé közeledtem. — Van kedved hozzá? Elég hideg van odakint.

— Ó, hogyne — mondta. — Nem zavar a hideg. Majd futás közben bemelegszünk.

Már korábban is észrevettem, hogy Garnet ilyen időjárási körülményekben is szívesen futott kint, de azért meglepődtem a válaszán. A hőmérő mínusz húsz fokot mutatott. Azok, akik nincsenek ilyen telekhez szokva, ezt a fagyos időt a legjobb esetben hihetetlenül kellemetlennek tartanák, a legrosszabb esetben pedig potenciálisan ártalmasnak. Nagyon eltökéltnek kell lenned, hogy kimerészkedj ilyen időben, de ami ennél is fontosabb, hajlandónak és képesnek kell lenned legyőzni a negatív gondolatokat, amelyek kitartanak amellett — és ezt elég meggyőzően teszik! —, hogy sokkal kellemesebb lenne bent maradni.

Futás előtti nyújtással indítottunk az épületben.

— Hogy indult a reggeled? — kérdezte, miközben, utasításaimat követve, a falnak támaszkodott, és a nyújtó gyakorlatokat végezte.

— Jól — válaszoltam szinte automatikusan, és próbáltam nem gondolni arra, hogy odahaza még mindenki mélyen aludt.

— Örömmel hallom — mondta, és határozott mosollyal bólintott.

Egy olyan útvonalat választottam mára, melyet mindketten kedvelünk. A vízparton kanyargó ösvényen csend és nyugalom uralkodott, és ebben a hajnali órában úgy tűnt mintha rajtunk kívül nem is lenne más a világon.

A kitűzött cél az volt, hogy fél kilométerrel hosszabb távot fussunk, mint eddig, és azt követően a társasház edzőtermében folytassuk súlyós edzéssel és nyújtással.

A kiválasztott útvonal felé haladva, az életünk aktuális eseményeiről beszélgettünk. Ez hamar szokásunkká vált, ugyanis Garnet, akárcsak én, szeretett egyből a lényegre térni és igyekezett minél jobban megismerni a beszélgetőtársát. Nagyon nyíltan beszélt az életmódjáról. Az elmúlt néhány évben több mint 45 kg súlyfeleslegtől szabadult meg, főként az étkezési szokásainak megváltoztatásával. Mesélt egy keveset a válással kapcsolatos problémáiról, és még néhány anekdotát is megosztott velem a gyerekkoráról, ami, abból, amit én kivettem, nem volt egyszerű.

Én megosztottam vele a személyi edzői vállalkozásommal kapcsolatos céljaimat és a családom néhány tagjától való elhidegülésemet. Elég nyíltan beszéltem a fiam egészségügyi problémáiról is, amelyeket a párommal még próbáltunk megérteni.

Mivel Garnet általában lassúbb tempóban futott, igyekeztem azt az iramot tartani, ami számára megfelelő volt. Álmos épületek mellett haladtunk el a befagyott víz partján, leheletünk felszállt a csípős hidegben. Miközben kocogtunk, megosztottam Garnettel, hogy mi vár rám a nap második felében. Egy ideje elég egyformán teltek a napjaim.

— Ezután megpróbálok időben hazaérni, hogy segítsek Keenant elvinni az oviba, azután pedig fél hatig egyik edzés követi a másikat — mondtam. — Hazamegyek vacsorázni, aztán irány a pilates stúdió, ahol még tartok néhány órát. Mindezt azért tettem, hogy legyen étel az asztalon és tető a fejünk felett, viszont az is nagyon fontos volt számomra, hogy mindig valami nagyobb célt tűzzek ki magamnak, mint például a vállalkozásom fejlesztése, önfejlesztés, vagy a kapcsolatom elmélyítése, fejlesztése. A párommal döcögősen indult a kapcsolatunk; miután évekig hol együtt voltunk, hol szakítottunk, nem sokkal azután, hogy elvégeztem a főiskolát teherbe estem. Ez teljesen megváltoztatta mindkettőnk terveit. Viszont azt az álmomat nem adtam fel, hogy karriert építsek, és hogy jobb életet teremtsek a fiamnak, mint amilyen az enyém volt.

Ebből a szempontból különböztünk a párommal; ő is keményen dolgozik és egy nagyon kedves ember, de sok más huszonéveshez hasonlóan, ő sem találta meg a szenvedélyét, és nehéz volt számára a felnőtté válás.

Ennek okán, én töltöttem be az elsődleges kenyérkereső szerepét, ő pedig nagyobb arányban vette ki részét a gyermekgondozásban. Pár év után, elég pénzt gyűjtöttünk, hogy befizessük az előleget egy házra. Nem volt a legnagyobb vagy legújabb ház, de a miénk volt: egy bájos, 1.000 négyzetméteres bungaló egy csendes lakónegyedben. Úgy gondoltam, hogy majd később veszünk valami jobbat. Az álmom az volt, hogy felfuttatom a vállalkozásomat, és több ügyfélt szólítok meg a tudatos életmód üzenetével. A szívem mélyén hittem, hogy képes vagyok rá. Csak azt nem tudtam, hogyan kezdjem el.

Futás közben ezt mind Garnetre zúdítottam. Ez szokatlan volt; ugyanis rendszerint én voltam az, aki az edzéseken hallgatott. Az ügyfeleim számára gyakran edző és terapeuta voltam egyben, amit egyáltalán nem bántam. Örültem neki, hogy jobban megismerhettem őket. Az viszont ritkán fordult elő, hogy én beszéljek. Ez Garnettel részben azért volt másként, mert ő kérdezett, és meg is hallgatta a választ, részben pedig azért, mert az alapvető értékrendünk nagyon hasonló volt.

Akárhogy is, miközben fecsegtem, kitartottam amellett, hogy én minden tőlem telhetőt megteszek, azért, hogy jó életünk legyen, és hogy jó példát mutassak a fiamnak. Valamilyen szinten azonban gyanítottam, hogy visszatart a félelem.

— Tudod, Olivia — mondta Garnet két felszálló lehelet között —, a legtöbb ember nincs tudatában annak, hogy felül tud kerekedni a családja értékrendjén. Azaz, változtatni tudsz az életeden, hogy úgy élj, ahogyan te szeretnél, ahelyett, hogy abban a világban élj, amiben nevelkedtél.

Befordultunk egy havas utcába, és a fekete égbolt lassan mélykékre változott. — Ezt tetted te is, én is — folytatta Garnet. — Mindkettőnknek nehéz gyermekkora volt, és útközben olyan döntéseket hoztunk, amelyek új irányba tereltek minket. Ezt hívják 'téglaeltávolításnak', azaz az elszántság, hogy egyenként legyőzd az akadályokat, amelyeket a szüleid, az ő szüleik, a rendszer, amelyben nevelkedtél, a barátaid, a közösségi média és így tovább gördítettek az utadba. Miután felismerted az akadályokat, már csak az a kérdés, hogy felkészültél-e a diszkomfortra, ami a múltbeli viselkedésformák leküzdésével jár.

Ez az életszemlélet teljesen új volt számomra, és annyira megdöbbentett, amit hallottam, hogy majdnem megálltam a futásból. Egy munkásosztálybeli családban nevelkedtem Angliában, és én voltam az első, aki főiskolára ment. A pályám nem tűnt szokatlannak; sőt nagyon is természetesnek találtam, még akkor is, ha eltért attól a példától, amit a családom mutatott nekem. Viszont amikor a személyi edzői vállalkozásom elkezdett stagnálni, nem tudtam, mihez kezdjek — és nem bíztam a saját képességeimben.

Ezt a téglát örököltem, az érzést, hogy nem érdemlem meg a sikert. Ez a meggyőződés leszűkítette az önmagamról és a képességeimről alkotott képet, és visszatartott a fejlődéstől és attól, hogy megvalósítsam a bennem rejlő potenciált. Ez önszabotázs volt, azt sem tudtam, hogyan tegyem meg az első lépéseket afelé, hogy megtanuljam követni az álmaimat, vagy kielégíteni az igényeimet. Igazából az a gondolat, hogy nem vagyok méltó többre annál, mint amit gyerekkoromban kaptam, annyira bevésődött az elmémbe, és olyan erőteljes és fülsiketítő negatív gondolatokat szült, hogy még a saját hangomat és vágyaimat is nehéz volt meghallani.

Három kilométer megtétele után, tartottunk egy kis szünetet, hogy hidratáljunk és kifújjuk magunkat. Lassan ideje volt visszafordulni, ezért

fokozatosan újra futásnak eredtem, még mielőtt kiestünk volna a lendületből. Az elhangzottakon elmélkedtem. — Valójában más emberré kell válnod, nem igaz? — mondtam. — A régi hitrendszer megkérdőjelezése azt jelenti, hogy új valóságot teremthetünk.
— Igen — válaszolta. — Mindig ugyanazokat a lemezeket játsszuk a fejünkben, amelyeket gyerekkorunkban helyeztek oda, viszont neked kell megteremtened a saját perspektívádat, amely valószínűleg nagymértékben ellentmond a családi értékrendednek és annak, ahogyan ők nevelkedtek és élték az életüket.
Az jutott eszembe, mennyire féltem elköltözni otthonról, még úgy is, hogy tudtam, hogy ez a helyes döntés. Ekkor kezdtem el meghatározni a saját értékeimet. Ez volt az első tégla eltávolítása. A többit mintha még mindig magammal cipeltem volna, és a saját utamba állítottam, mert így volt kényelmes számomra.
— A legtöbb ember nem érti meg, mit jelent felülkerekedni azon, amit addig tapasztalt, és elképzelni valami mást — folytatta Garnet. — Az erre való veleszületett képességed azt jelenti, hogy jó úton jársz. Időközben a felkelő nap Garnet társasházának kék üvegfalait irizáló rózsaszínűre festette.

Amikor aznap hazaértem, Keenan már ébren volt. Nagy örömmel fogadott, én meg szorosan átöleltem. A párom is ébren volt, Keenannal együtt játszottak a plüssállatokkal a nappaliban. Garnet szavai még mindig a fülemben csengtek, úgy éreztem kezdtek megpuhulni.

Elgondolkodtam azon, hogy mit is jelent a tégla. Kemény, igen, és nehéz, és teherként nehezedhet rád. Viszont nem áttörhetetlen. Ha el akarok távolítani egy téglát, csupán meg kell értenem, hogy miből van, hinnem kell abban, hogy képes vagyok eltávolítani, ki kell fejlesztenem az ehhez szükséges készségeket, és hajlandónak kell lennem többször is próbálkozni, ha nem sikerült elsőre megszabadulnom tőle. Létre kell hoznom egy olyan belső hangot, amely megkérdőjelezi a tégla jelenlétét az életemben. Tudtam, hogy képes vagyok megtenni ezeket a lépéseket. A régi meggyőződések valóságot teremtenek, de nem az *egyetlen* valóságot.

Aznap reggel amikor elkezdtük az edzést, bizonytalanság uralkodott rajtam az erőfeszítéseimet és a terveimet illetően. Most viszont, hogy Garnet így megfogalmazta a problémát, éreztem, hogy elindult valami változás. *Lehet, hogy már most is jó úton járok, és talán kicsit engedékenyebb kell lennem magammal szemben*, gondoltam. Nem tudtam, hová vezet ez az egész, de azt tudtam, hogy elindult egy folyamat, és hogy igazából csak rajtam múlik a változás.

Elmélkedés

Hogyan azonosítsuk és távolítsuk el a falat alkotó téglákat

Megjegyzés: Bár az edzések a kapcsolatunk sarkalatos pillanatait mutatják be, az igazság az, hogy mindezt egy tömörített formában teszik. A valóságban ezek a beszélgetések hetekig vagy hónapokig tartottak, és néhány még mai napig tart. Így ezek a részek inkább valós, folyamatban lévő beszélgetéseink összegzései, mintsem előírások vagy letisztult következtetések. Ezek azok a valódi dolgok, amelyeken a könyv írása közben gondolkodtunk és amelyekkel küzdöttünk; ha az olvasónak nem sikerül érzelmileg ráhangolódni ezekre a részekre, javasoljuk, hogy olvassa el újra őket, mintsem, hogy előírásoknak könyvelje el.

Téglának nevezzük, azokat a korlátozó meggyőződéseket, értékeket, önképet, és viselkedési formákat, amelyeket szüleink, családtagjaink, nevelőink, élettársaink és más felnőttek vagy a közösség tagjai plántáltak belénk, akiknek megengedtük, hogy hatást gyakoroljanak ránk. Ezek a, dédszüleinktől, nagyszüleinktől és szüleinktől tanul meggyőződések gyakran generációkon keresztül öröklődnek – meggyőződések arról, hogy mire (nem) vagyunk képesek, mivé (nem) válhatunk, és mi (nem) jár nekünk — míg végül saját meggyőződéseinké válnak.

Néhány példa téglára:

- Vágyunk arra, hogy közönség előtt szerepeljünk, viszont azt nevelték belénk, hogy ezt a vágyat a nagyravágyás vagy hiúság szülte, vagy hogy nem vagyunk elég jók ahhoz, hogy „sikerüljön".
- Bizonyos érzelmi szükségleteink nem elégülnek ki, mint például a szeretteink általi vigasztalás szükséglete, vagy az a szükséglet, hogy valaki meghallgasson, vagy megértsen. Azt tanították nekünk, hogy ezek a szükségleten „nem valósak" vagy önzőség és hálátlanság vezérli őket.
- Olyan karriert szeretnénk, amihez felsőfokú végzettség szükséges, de azt a választ kaptuk, hogy a képzésünk túl sokáig tartana, vagy túl sokba kerülne.
- Ha szünetet tartunk, vagy egy kis jól megérdemelt pihenést, lusták vagyunk.
- A párunk azt állítja, hogy nem vagyunk elég jók számára, mert az ő anyja/apja/nagymamája másképp csinálta a dolgokat.
- Szeretnénk sikeresek lenni az üzleti életben, de az iskolában nehezen ment a tanulás; ezért az ragadt meg bennünk, hogy nem vagyunk „elég okosak".

Mindannyiunknak vannak ilyen vagy olyan „téglái", de ha ránézünk az életünkre, és azt látjuk, hogy nem azok vagyunk, akik lenni szeretnénk, akkor álljunk meg és gondolkodjunk el azon, hogy milyen akadályok álltak az utunkba, és kértünk-e segítséget arra vonatkozóan, hogy hogyan győzzük le őket.

Ha úgy érezzük, hogy valami hiányzik az életünkből, hogy nem úgy élünk ahogy szeretnénk, vagy hogy ennél sokkal jobb is lehetne, ne másokat hibáztassunk — ehelyett azonosítsuk a tégláinkat. Melyek azok a gondolatok vagy meggyőződések, amelyeket belénk neveltek, és amelyek most megakadályoznak minket abban, hogy megismerjük önmagunkat és meghatározzuk, hogy mi az, amit szeretnénk? Mi akadályoz meg abban, hogy cselekedjünk?

17 edzés

Azt a képességet, hogy ítélkezés nélkül azonosítsuk a tégláinkat, megértsük, hogy miért vannak ott, és nyitottá váljunk arra, hogy megtanuljuk, hogyan távolítsuk el őket, önismeret-fejlesztésnek nevezzük, és ez a leghatásosabb lépés afelé, hogy azzá váljunk, akivé szeretnénk, és felépítsük azt az életet, amit szeretnénk.

Íme néhány eszköz, amelyeket mi használtunk, a tégláink azonosítására és eltávolítására:

- **Olvass.** Számos nagyszerű forrás áll rendelkezésünkre, — például a függelékben felsorolt könyvek — amelyek segítenek azonosítani azokat a meggyőződéseket, amelyek nem a javunkat szolgáljak.
- **Beszélgess olyan emberekkel, akikre felnézel** és ne feledd, hogy te is magadévá teheted az ő meggyőződéseiket.
- **Olyan emberek inspiráljanak, akiket ismersz.**
    - ne a közösségi médiából meríts példát, mert az nem a valóság!
- **Vezess naplót.** Szavakba öntheted a jövőképed – és olyan magasztosra és fantasztikusra formálhatod, amilyenre csak akarod! —, majd arra összpontosíthatsz, hogy megvalósítsd. Fogalmazz konkrétan; például „5-ös tanuló szeretnék lenni", nem pedig, „jobban szeretnék teljesíteni az iskolában".
- **Figyelj.** Mit tesznek a körülötted lévő emberek, amit te is szeretnél? Hogyan tanulhatunk ezekből a cselekedetekből és gondolkodásmódból, és hogyan tehetjük őket a sajátunkká?
- **Ne feledd: az vagy, akikkel együtt lógsz.** Ha a barátaink megelégszenek egy stagnáló élettel, akkor akár meg is erősíthetik a tégláinkat — vagy újakat hozhatnak létre.
- **Vizualizáld a valódi énedet, azt, akivé válhatsz.** Egy mentális kép megformálása segít eljutni oda, ahová szeretnénk.

- **Ne feledd, hogy a téglák eltávolítása egy élethosszig tartó folyamat.** A cél a fejlődés, nem a tökéletesség.

A felsoroltak közül egyik sem egyszerű vagy könnyű. Valószínűleg nagy kihívást jelentenek, és egy egész életen át tartó folyamat részét képezik, hiszen, ha egy tégla eltűnik, találunk egy másikat, és aztán egy újat és így tovább. Az első lépés a téglák eltávolításához az a felismerés, hogy léteznek korlátozó meggyőződésédek, és hogy ezeken *tudunk változtatni*. Már ennek a gondolatnak a puszta elismerése is fontos lépés.

17 edzés

Ha valaki 30 évvel ezelőtt azt mondta volna nekem, hogy személyi edzőként fogok karriert befutni, akkor minden bizonnyal furcsán néztem volna rá.

Akárcsak Garnet esetében, az én anyám is fiatal volt, amikor a nővérem és én megszülettünk. Amikor a nővérem, Cassie született, anyám huszonegy éves volt, én pedig alig egy évvel később születtem. Egy Londontól délre fekvő kisvárosban éltünk, átellenben nagynénémék házával. Családunk generációkon keresztül a munkásosztályhoz tartozott. Magától értetődő volt, hogy 16 évesen, a brit oktatási rendszernek megfelelő középiskola elvégzése után az ember munkába szegődik. Ez az elvárás szigorúan vonatkozott a nővéremre és rám is.

Életem első néhány évében azonban a családom jól boldogult, és úgy tűnt, hogy megválva alacsony jövedelmű gyökereinktől, feljebb léphetünk. Apám luxusautók eladásával foglalkozott, és rövid idő alatt sok pénzre tett szert. Ez hatalmas változást jelentett szüleim számára, ugyanis mindketten munkáscsaládból származnak. Kiélvezték a sikert, ameddig csak lehetett; apám divatos öltönyöket viselt, és Lamborghinivel vitt minket iskolába a móka kedvéért.

Azonban mire betöltöttem a nyolc évet, apám túllépte a határt, és ez hatalmas csapást mért az életünkre. Az üzlettársával karöltve, mértéktelenül nagy mennyiségű autót rendeltek meg eladásra, pont akkor, amikor Angliát súlyos recesszió sújtotta. Senki nem akart luxuscikkek vásárolni, és amilyen gyorsan jött, szinte olyan gyorsan illant el a pénz.

A szüleim kapcsolata nem vészelte át ezt a megpróbáltatást. A nővéremmel és velem szeretettel bántak, egymást viszont bántalmazták, úgy fizikailag, mint érzelmileg. Kilencéves koromban végleg elváltak, de a problémák ezzel nem értek véget.

Anyám világéletében találékony és szorgalmas volt, amit azt hiszem, én is megörököltem tőle. Takarítást vállalt magánházakban és ezzel megtanított arra, hogy a kemény munka egy eszköz, és hogy egyetlen munka sem alantas, ha megélhetést biztosít. Egyedülálló anyaként, két gyermekkel és magas iskolai végzettséggel, könnyű és természetes megoldás lett volna szociális segélyt igényelni, de ő nem élt ezzel a lehetőséggel. Ő olyan életet akart, amely többet kínál, mint amire a szociális segélyből futotta volna, és ezért hajlandó volt keményen megdolgozni. Soha nem szégyellte, hogy mivel kereste a pénzt. Sőt, magas színvonalú munkát végzett és megbízható volt. Ennek a munkamorálnak köszönhetően jól fizető munkákat kapott olyan ügyfelektől, akikkel gyakran barátságok kötött. Az a képessége, hogy példát mutatott leleményességből, felelősségtudatból, és munkamorálból, az önbecsülésének szerves részét képezte.

Miközben anyám keményen dolgozott, apám küszködött. Nem volt pénze fizetni a gyerektartást, ezért anyám megtiltotta neki, hogy látogasson minket.

Nem anyám volt az egyetlen, akinek nem tudott fizetni. Beszállítóknak és másoknak is tartozott. A csőddel és azzal a szégyennel szembesülve, hogy nem láthatja a gyermekeit, apám, akinek kettős állampolgársága volt Kanadában, elköltözött Brit Kolumbiába.

Évekig nem találkoztam vele.

A szüleim válása után gyorsan megtaláltam és kivívtam a magam szerepét a családban. A nővéremnek rendkívül zűrös gyerekkora volt – úgy gondolom, hogy bipoláris zavarban szenvedett, de a kilencvenes években ez a rendellenesség nem volt annyira ismert, hogy megfelelően diagnosztizálják, és mivel anyám annyira el volt foglalva az ő gondozásával és azzal is, hogy ételt tegyen az asztalra, én lettem az erős, az, aki nem sok vizet zavar, aki ellátta saját magát és nem volt útban.

Miután apám Angliából Kanadába költözött, még inkább magamra öltöttem ezt a szerepet. Dolgoztam, soha nem panaszkodtam, és kiváló tanuló voltam.

Amit senki sem látott, az az, hogy belül összeomlottam. 14 éves koromra, rájöttem, hogy a legjobb módszer arra, hogy ne okozzak semmiféle gondot, az, ha eltűnök. Mint megannyi velem egyikorú lány, én is tudtam, hogyan kell ezt megvalósítani.

Nem emlékszem, hogy említettem-e valakinek, hogy diétázom. *Arra viszont emlékszem, hogy a* Just 17 *című folyóiratból tanultam meg hogyan kell fogyókúrázni. A családom nem engedte meg magának, hogy gyakran megvásárolja a folyóiratot, ezért iskola előtt egy kisboltban gyorsan kiolvastam. Ebből a folyóiratból szereztem tudomást a "tökéletes" 1200 kalóriás diétáról. Természetesen az étkezési zavarok mögött sokkal több rejlik, mint a testsúly kérdése. Az orvostudomány és a pszichiátria még mai napig sem rendelkezik szilárd ismeretekkel a kiváltó okokról. Gyakran — így az én esetemben is — bántalmazás, trauma, személyiség és egyéb tényezők állnak a háttérben, amelyek működési zavart okoznak az agyban. Az anorexia nervosának nevezett pszichés betegség — az én diagnózisom — egy komplex megbirkózási mód a stresszhelyzetekkel, amely kivetül a testre.*

A következő két évben ez a zavar egyre inkább súlyosbodott. A betegségem tetőfokán korán keltem, mindenki más előtt, és 45 percig futottam. Reggelire két zabkekszet fogyasztottam vízzel vagy zsírszegény tejjel és egy csésze teát — a rutinok megszállott betartása a betegség része — a nap hátralevő részében pedig, próbáltam betartani a 800 kalória határértéket.

A mérleg egyre kevesebbet mutatott.

A nővéremhez hasonlóan, az én esetemben sem volt hogyan diagnosztizáljanak. Akkoriban, a szakértők zöme úgy vélte, hogy az étkezési zavarokat egy rosszul sikerült divatdiéta, vagy legrosszabb esetben az irányítás iránti vágy okozza. Ezek a túlzottan leegyszerűsített és téves feltételezések csak oda vezettek, hogy az étkezési zavarokban szenvedő, hozzám hasonló lányok száma egyre növekedett, és néhányan életüket is vesztették a betegségben.

A családom megszégyenítéssel próbált engedelmességre bírni. Próbálkozásaik, viszont, süket fülekre találtak. Az volt az érzésem, hogy nem akarták megérteni, mi történik velem, csak azt akarták, hogy vége legyen. A módszerük az volt, hogy nem beszéltek erről, amit én úgy éltem meg, — bár ők nem annak szánták — hogy magamra hagytak a szükség idején. De semmi sem hasonlítható ahhoz az érzéshez, hogy egyre kisebb lettem, egyre kevesebbet fogyasztottam, a lehető legkisebb helyen húztam meg magam, és csak a saját kis világomban létezem.

Anyám egyszer mégis elvitt egy tanácsadóhoz, és ott történt, hogy felszínre került egy rég eltemetett emlék: az, hogy a nagybátyám szexuálisan bántalmazott. Az emlék kristálytisztán élt bennem, és elmeséltem anyámnak. Válaszul emlékeztetett arra, hogy milyen erős vagyok, és hogy ő is milyen erős, viszont a nővére és sógora nem erősek. Nem tudnának ezzel megbirkózni. De mi igen. És emiatt maradjon kettőnk titka.

A burkolt kérése — hogy ne beszéljek erről, legalábbis ami a családom többi tagját illeti — teljesen felemésztett. Elviselhetetlenné vált, hogy egy ilyen hatalmas titkot őrizzek, és közben kifelé azt mutassam, hogy minden rendben. Ki kellett törnöm ebből a lehetetlen helyzetből. Csak egy aprócska szikrára volt szükségem, egy pillanatra, amelyben hangot adtam a vágynak, hogy megmentsem a saját életemet.

Erre egy délután került sor nagybátyámék házában.

Abban az időben a nemzetközi telefonhívások sokba kerültek, és csak a nagynénémékről telefonáltunk. Valahogy úgy alakult, hogy apámmal beszéltem telefonon; arra már nem emlékszem, hogy ő hívott-e engem, vagy én hívtam őt. Hónapok óta nem beszéltünk, de hirtelen támadt egy ötletem.

Egy évvel korábban megkérdeztem tőle, hogy odaköltözhetnék-e hozzá Kanadába. Azt válaszolta, hogy miután befejezem az iskolát, fontolóra veszi ezt a kérést. Mivel ezen már túl voltam, felismertem, hogy ez az én pillanatom. Nem maradhattam Angliában, nem akartam, hogy a középiskola befejezése után elmenjek dolgozni, ahogyan azt elvárták, és nem élhettem többé az utca túloldalán a nagynénémék házával szemben.

Újra előhozakodtam a kérésemmel, hogy apámhoz költözhessek. Amíg ő az új feleségével tanácskozott, én a körmeimet rágva várakoztam, és a vonal másik végéről halkan átszűrődő hangokat hallgattam. Nem sok időre rá apám újra beleszólt a kagylóba,

17 edzés

beleegyeztek, hogy elhagyjam Angliát és hozzájuk költözzek Kanadába.
Az unokatestvérem mindent hallott és megpróbált visszatartani. Később megtudtam, mennyire elkeseredett és bosszús volt, hogy elmentem.
— *Nem mehetsz el!* — *mondta.* — *Mi vagyunk a családod!*
Hamarosan anyám is közbeszólt, és az az érzésem támadt, mintha kórusban kiabálnának. Ez volt a töréspont. Eltartottam a kagylót magamtól, és torkom szakadtából azt üvöltöttem: — *Mennem kell! Élnem kell az életemet! Hagyjatok elmenni! Ezek voltak a legőszintébb szavak, amiket valaha kimondtam.*

Ez a megnyilvánulás mélységesen távol állt tőlem, a gyermektől, aki a csontjaiban tudta, hogy az ő szerepe az, hogy a jó kislányt játssza. Lehet, hogy soha nem fogom megérteni, hogy mi váltotta ki ezt belőlem abban a pillanatban, de örökké hálás leszek, mert végül is ez mentette meg az életemet.

Néhány hónapon belül már repülőn ültem.

2. A siker jó szokásokra épül

Dan Sullivan által ajánlott négy jó szokás:

Légy pontos.
Tarts be, amit mondasz.
Fejezd be, amit elkezdtél.
Használd a kérlek és köszönöm szavakat.

Nap: 2011. november 12.
Óra: hajnali 5 óra
Edzés: 25

Egy hónap közös edzés után kezdtünk belelendülni. Garnet állóképessége és erőnléte látványos fejlődésnek indult és tudtam, hogy bízik az edzői filozófiámban. November közepén, a szokásosnál valamivel hosszabb futást ütemeztem be.

Ez részben bevett eljárás volt: a távolság és a sebesség fokozatos növelése.

Garnet azonban nemrégiben felvetette, hogy a következő évben részt venne a Kananaskis 100 mérföldes váltófutáson, egy csodálatos, de nehéz versenyen, amely Kanada legmagasabb aszfaltozott országútján zajlik. A résztvevők kis csapatokat alkotnak, és mindenki tíz mérföldet teljesít. A szakaszok nehézsége nagyon eltérő; némelyik hirtelen emelkedik, némelyik pedig dombosabb, mint a többi.

Mindketten szerettük volna letesztelni, hogy Garnet a váltó melyik szakaszát tudná teljesíteni, ha úgy döntenénk, hogy jelentkezünk, ezért a tervem az volt, hogy kihívást jelentő terepre viszem. Az útvonalba beiktattunk egy lépcsősort, a lábedzéshez, valamint dombokat, az erőnlét fejlesztéséhez.

Az időjárás tökéletes volt a futáshoz. 15 fok körül volt, és a nap már majdnem egy órája fent volt, mire megérkeztem. Miközben az épületben melegítettünk, megkérdeztem Garnettől, hogy hogyan érzi magát. Mivel nagyon sokat utazott, és gyakran öt órát vagy annál kevesebbet aludt, mindig megadtam neki az esélyt arra, hogy jelezze, ha vissza kellene vennem a terhelésből.

— Hogy állsz az energiával ma reggel? — kérdeztem.

— Minden rendben, Olivia — mondta. — És *te* hogy vagy?

— Én is rendben, Garnet — válaszoltam nevetve. — Gyere, induljunk!

Mivel a jó futótechnika kialakításának fontos eleme a tudatos és hosszan tartó bemelegítés, lassú kocogással indítottunk. Ez a gyakorlat segít a hosszú távú eredmények elérésében, bár olykor unalmasnak, vagy akár fárasztónak tűnhet. Az ember úgy érzi elfárad még mielőtt az edzés elkezdődne, és frusztrálja, hogy olyasmit kell csinálnia, ami nem nyújt számára olyan élvezetet, mint a táv vagy a tempó növelése.

Ezen okokból kifolyólag egyáltalán nem lepett meg, amikor Garnet kezdett ingerlékennyé válni.

— Nem versenyre készülünk? — kérdezte.

— Tudod, hogy nagyobb a sérülésveszély, ha nem melegítesz be rendesen — válaszoltam.

— Ki kell alakítanod azt a szokást, hogy lassabban fuss és helyesen végezd el a bemelegítést, ha azt szeretnéd, hogy az egészséged idővel javuljon.

Kicsit fujtatott, aztán elcsendesedett. A folyó mentén, majd egy füves ösvényen vezetett az utunk. Öt perccel később megállítottam egy tisztásnál.

— Jól van — mondtam. — Kitörés oldalra, majd elölre. Gyerünk!

— Ez, a hajlékonyság növeléséhez szükséges? Tudod, hogy én pálcikaember vagyok. Úgysem fog segíteni — mondta.

— Nem. Ez felkészíti az ízületeidet és a neuromuszkuláris rendszert a futásra, hogy ne hullj darabokra, mint egy pálcikaember. A fitneszedzésben az ilyen típusú gyakorlatokat dinamikus gyakorlatoknak nevezik, és a lassú bemelegítéshez hasonlóan ezek sem az ügyfelek kedvencei. Azonban kíváncsi voltam Garnet állóképességére. Tudtam, hogy milyen keményen dolgozott az egészségéért, közel 45 kilót fogyott és teljesen megváltoztatta az étkezési szokásait. Az üzleti életben is hasonló hozzáállást tanúsított, egy több millió dolláros vállalkozást épített fel a semmiből. Ahhoz, hogy ezeket az eredményeket elérje, fel kellett hagynia néhány rossz szokással, és új szokásokat kellett kialakítania. A közös munkánk is a jó szokások kialakításának része volt. Kíváncsi voltam, vajon rá tudom-e vezetni az összefügésekre.

— Garnet melyek azok a szokások, amelyek segítettek neked a vállalkozásod felfuttatásában? Hogyan maradsz céltudatos, amikor valamit nem *akarsz* megtenni, de meg *kell* tenned?

— Nos, azt hiszem, arra célzol, hogy az ember nem lehet sikeres jó szokások nélkül, és ebben igazad van.

Vártam, hogy folytassa, de elhallgatott. Tovább unszoltam.

— Hogyan jellemeznéd ezt az folyamatot a te esetedben?

— Először is meg kellet válnom a rossz szokásaimtól — mondta.

— Az első a dohányzás volt. Két csomag cigarettát szívtam egy nap és kezdtek mindenféle szörnyű tünetek jelentkezi. Eldöntöttem, hogy ezt nem akarom így folyatni.

Szünetet tartott, hogy vegyen néhány mély levegőt és igyon egy kis vizet. — Meséltem neked arról az esetről, ami miatt úgy döntöttem, hogy mégiscsak segítségre van szükségem? — kérdezte.

— Nem — válaszoltam.

— Nem egy nagy ügy. Nem egy égő csipkebokor kaliberű élményt kell elképzelni. A torontói repülőtéren történt. A repülőtér egyik végéből a másikba kellett futnom, a bőröndömet magam után vonszolva, és mire a kapuhoz értem, ömlött rólam a verejték, és teljesen kifulladtam. Megalázó volt. Undorodtam magamtól. Több mint 136 kiló voltam, és végre elegem lett. Kezdtem tartani attól, hogy mi lesz, ha nem változtatok.

Meglepett ez a kép. Az a Garnet, akit én ismertem, mindig frissen borotvált és pontos volt, egészséges étkezési szokásokkal és az egészsége iránti elkötelezettséggel. Nehéz volt őt másképp elképzelni. Ezzel csak kíváncsibbá tett. Arra számítottam, hogy azt fogja mondani, hogy elkezdett több zöldséget enni, vagy többet mozogni, de amiről ő mesélt egy teljesen életmódváltás volt. Az ilyen típusú változás ritka. Senki sem tudja megfogalmazni pontosan, a sikeresen életmódváltás lélektani folyamatát, és a legtöbben kemény küzdelmet vívnak, hogy elérjék a kitűzött céljaikat. Nagyon sok sikeres, motivált ügyféllel találkoztam, akik újra és újra kudarcot vallottak a mélyen gyökerező viselkedésminták megváltoztatásában, bármennyire is szerettek volna megváltozni. Kíváncsi voltam, hogy Garnet meg tudja-e fogalmazni azt a folyamatot, ami benne zajlott.

— Hogy csináltad? — kérdeztem tőle, miközben magas térdemelésbe kezdtem, és jeleztem neki, hogy kövesse a példámat.

— Először is brutálisan őszintének kellett lennem magammal szemben. Abba kellett hagynom az önámítást, a disszociációt, a tagadást és

szembe kellett néznem azokkal a dolgokkal, amelyek akadályt jelentettek számomra a fejlődésben. Ez volt életem egyik legfájdalmasabb feladata.
— Képzelem — mondtam. — Azt hiszem, az első lépés a legnehezebb.
— Azután orvoshoz mentem. Azt mondta nekem: — Garnet, meg tudom mondani neked, hogy mit tegyél, de ne várd el tőlem, hogy az anyád legyek. Ez a mondat jellemformáló volt. Pontosan ezt kellett hallanom abban a pillanatban, erre volt szükségem. Felismertem, hogy ezt senki sem fogja helyettem megtenni.
— Felelősséget kellett vállalnod.
— Igen. Megalázó volt ezt hallani, de ez vezettet a következő lépéshez, ami az volt, hogy felkerestem egy sportpszichológust. Ott kezdtem el igazán megvizsgálni az önsorsrontó viselkedésemet. Emellett csatlakoztam a Strategic Coachhoz is, ami egy vezetőképző program, és ott is folyton a *szokásokról* beszéltek. Úgy tűnt, hogy körülöttem mindenki a szokásokról beszél.

A Strategic Coach program keretében azt mondták, hogy egy rossz szokástól nem lehet megválni, csak helyettesíteni lehet egy jóval. Ez magragadt bennem. Például, amikor leszoktam a dohányzásról, teljesen meg kellett változtatnom a reggeli rutinomat. Korábban, amikor reggel felkeltem, rágyújtottam egy cigarettára. Megittam a kávét, majd újra rágyújtottam. Azután reggeliztem, újabb cigaretta. Zuhanyzás, megint cigaretta. És így tovább, és így tovább. Ezeket mind helyettesítenem kellett valamivel.

— És hogy oldottad meg? — kérdeztem.
— Kihagytam a kávét. Egyenesen a zuhany alá mentem.
— Egyszerre szoktál le a kávéról és a cigarettáról?
— Nem, csak *reggel* nem ittam kávét. Megváltoztattam a reggeli szokásaimat. Zuhanyoztam, majd reggeliztem. Munkába más útvonalon mentem, hogy ne lássam azokat a helyeket, ahol mindig rágyújtottam egy cigarettára. Eltartott egy darabig, amíg leszoktam arról, hogy bizonyos időpontokban rágyújtsak. Egy hasznos dolog, amit tanultam, az, hogy kis léptekben haladj a

cél felé. Nyomon követtem ezeket a lépéseket, és így láttam a fejlődést. Mielőtt észrevettem volna, jelentős változásokat értem el az életemben.

— Ez egy viselkedésterápiás megközelítés — mondtam. — Változtasd meg a viselkedést és megváltozik a valóságod.

— Nos, te ismered a pszichológiai hátterét. Én csak annyit tudok, hogy egy éven belül más ember lettem, teljesen más szokásokkal. Elkezdtük a futást, körülöttünk hulló falevelek. A levélropogás visszavitt a gyerekkoromba, amikor iskolába menet imádtam a lehullott leveleken lépkedni.

— És te, Olivia? Hogyan értél el nagy változásokat az életedben?

Garnet kérdése kizökkentett merengésemből. Gyakran tettem fel kérdéseket az ügyfeleimnek az életükkel kapcsolatosan, de ritkán fordul elő, hogy valaki engem kérdezzen.

Elgondolkodtam a kérdésen, de rájöttem, hogy nincs jó válaszom. Garnet fel tudta vázolni, hogyan változtatta meg az életét, de én nem tudtam. Amikor beiratkoztam a főiskolára, alig értettem a kanadai oktatási rendszert; csak azt tudtam, hogy tanulnom kell, hogy elérjem, amit akarok az életben. Azért kötöttem ki a személyi edzésnél, mert ez természetes volt számomra, és ki tudtam építeni egy ügyfélkört. Azután olyan keményen dolgoztam, ahogy csak tudtam, hogy bővítsem a vállalkozásomat. Azonban amikor Garnet megkérdezte, *hogyan* értem el ezeket a nagy változásokat, mi játszott közre, rájöttem, hogy tinédzserként ráléptem a gázpedálra és azóta sem vettem le a lábam róla.

Valójában még mindig gyorsításban voltam. Garnet észrevette a tétovázásomat.

— Hadd fogalmazzak másképp. Milyen jó szokásokat vezettél be az életedbe?

Megkönnyebbülve sóhajtottam, hogy nem kell megválaszolnom az előző

kérdést, viszont magamban elraktároztam, hogy később gondolkodjak rajta.
— Azt hiszem, a legtöbb jó szokásom ahhoz kapcsolódik, hogy a lehető legjobb formában legyek — válaszoltam. — Lelkesedést és optimizmust akarok sugározni az emberek felé, ezért olyan dolgokat teszek, amelyek ezt a célt szolgálják. Ide tartozik jó pár szokás is. Odafigyelek az alvásomra, mindig ugyanabban az időben fekszem le. Minden nap olvasok. Relaxációs módszereket használok.
— Ezek mind fontosak.
— Igen. És tudod mi a vicces? A legtöbb ember azt hiszi, hogy imádom a testmozgást, és hogy számomra ez könnyű, de nem ez az, ami arra ösztönöz, hogy fizikailag aktív legyek, hanem az, ahogy edzés után *érzem magam*. Ezért kelek fel minden nap hajnali 5-kor.
— Ez csodálatos — válaszolta Garnet. És tudod mit? Én is pont ezért állok mindig készen, amikor ideérsz. Mert kialakítottam ezt a szokást. Vannak dolgok, amiket jó lett volna tudni, akkor amikor azokat a nagy változásokat hajtottam végre az életemben, például, hogy miként vegyem körül magam kedves, támogató emberekkel, vagy hogy a diszkomfort a változás része. Átküzdöttem magam rajta, de így utólag néhány dolgot másképp csinálnék.

Befejeztük a futást, és a Garnet társasházában található edzőterembe mentünk, hogy nyújtással zárjuk az edzést. Miközben noszogattam, próbáltam még többet megtudni tőle a szokásépítő módszereiről.
— Korábban említetted, hogy a régi szokásokat újakra cserélted. Furdal a kíváncsiság ezzel kapcsolatban. Hogyan csinálod?
— Egyszerűen — válaszolta. — Leírod az összes rossz szokásodat egy papírra, és mindeniket helyettesíted egy jó szokással. Azután eldöntöd, hogy melyikkel fogod kezdeni. Nem tudsz mindent egyszerre megváltoztatni, ezért

17 edzés

eldöntöd, hogy melyikkel kezded, azután melyik lesz a következő, utána meg a következő, és közben nyomon követed a fejlődésedet. Fontos, hogy kis lépésekben haladj mert nagymértékben túlbecsüljük a képességünket a változásra. Meg kell ünnepelnünk a kis dolgokat, mert ha valami csekély dolgot teszel, és ha legalább tíz napig betartod, ez energiát és lendületet fog adni, hogy folytasd, amit elkezdtél. Az ezt követő újabb változtatás már könnyebben fog menni.

A Garnet által leírt folyamat eszembe juttatott valamit, amit az iskolában tanultam, és ami gyakran előfordult az ügyfeleimnél: a kifogásokat, és azt ahogyan az elménk képes ezeket generálni.

— Amikor megpróbálok megváltoztatni egy szokást, megpróbálok emlékezni arra, hogy az agyam ragaszkodni *akar* a régi szokásaimhoz — mondtam. — Fél a változástól, és ezért olyan hihetőnek tűnő kifogásokkal áll elő, mint például: hamarosan vacsorát kell készítenem, nincs időm sétálni, vagy udvariatlanság lenne részemről, ha visszautasítanám azt a süteményt. Az én szabályom az ügyfeleim számára az, hogy tízből kilencszer meg kell tenned azt az új dolgot, mindegy, hogy milyen kifogásokat találnál. Természetesen ez nem működik a függőségek vagy más olyan problémák esetében, amelyekben csak szakember segíthet. Viszont ami a mindennapi változtatásokat illeti, okosabbnak kell lennünk a saját elménknél.

Elmélkedés
A jó szokások kialakítása

Jó szokások nélkül, nehéz előre haladnunk az életben. A jó szokások kialakítása a valóságunk megváltoztatásának alapfeltételei. A jó hír viszont az, hogy a szokások nem velünk született tulajdonságok. Olyan ismétlődő cselekvések és viselkedésformák, amelyeket bárki kialakíthat.

A szokások olyan cselekedetekből erednek, amelyek egyszerűek, de nem biztos, hogy könnyűek. Például felkelni reggel 5-kor edzeni, nehéz, de nem bonyolult. Miért nehéz? Mert fáradtak vagyunk, és az agyunk kifogásokat gyárt, csak azért, hogy ágyban maradjunk. Az egyetlen feladatunk az, hogy megköszönjük az elménknek a közreműködést, és azt mondjuk neki, hogy csak azért is felkelek.

Szerencsére vannak olyan lépések, amelyek betartásával jó szokásokat alakíthatunk ki, és megváltoztathatjuk a rossz szokásokat.

A rossz szokások jó szokásokká alakítása

Figyelembe véve, hogy minden jó szokás egy rossz szokás átalakítása, létezik egy rendszer, amit követhetünk az átalakításhoz:

17 edzés

1. Határozzuk meg azokat a rossz szokásokat, amelyeket meg szeretnénk változtatni

    • A rossz szokások olyan szokások, amelyekkel szeretnénk felhagyni. Ilyen például, ha túl sok időt töltünk a közösségi platformokon, drogot vagy alkoholt fogyasztunk a bulikon, elhisszük azt a téveszmét, hogy akkor vagyunk erősek, ha robusztusak vagyunk, és mindent magunk akarunk megoldani. Bárki, aki ezt olvassa, és azt gondolja, hogy *ó, igen, majd én megoldom egyedül*, téved — senki nem képes egyedül megoldani. A sikeres emberek mások segítségére támaszkodnak.

2. Határozzuk meg, hogy mely rossz szokások okozzák a legtöbb fájdalmat. Azokkal kell kezdenünk.

3. Határozzuk meg azokat a jó szokásokat, amelyek a 2. lépésben azonosított szokásokat helyettesíthetik. Néhány példa:

    • A közösségi média miatt nem alszunk éjszaka, ennek következtében alulteljesítünk, másnap kimerültek vagyunk, és depressziósnak érezzük magunkat. Ahelyett, hogy az ágy mellett tartanánk a telefonunkat, hagyjuk egy másik szobában, vagy kérjünk meg egy családtagot, hogy tartsa távol tőlünk.
    • Az alkoholra támaszkodunk, hogy átvészeljük a stresszes helyzeteket (vagy eseményeket). Tudassuk a körülöttünk lévő emberekkel, hogy szüneteltetjük az alkoholfogyasztást — és cselekedjük is meg.
    • Az az érzésünk, hogy megrekedtünk a kedvenc tevékenységünk végzése során vagy a tanórán. Ahelyett, hogy egyedül kínlódnánk, kérjünk segítséget, akár egy szülőtől, edzőtől vagy tanártól.

4. Felsorolhatjuk azokat az apró lépéseket, amelyeket meg kell tennünk ahhoz, hogy elérjük az új célunkat, és azt is, hogy mikor fogjuk az egyes lépéseket megtenni.

5. A siker érdekében:

    - Győződjünk meg róla, hogy mindenünk megvan, amire szükségünk lesz a fokozatos változások megvalósításához. Meghatároztunk egy helyet, ahova éjszakára eltesszük a telefont? Kigondoltuk, hogy kitől fogunk segítséget kérni?
    - Legyen kigondolt tervünk a váratlan helyzetekre. Ha nem akarunk alkoholt fogyasztani a péntek esti buliban, mit fogunk mondani, ha valaki nyomást gyakorol ránk?

6. A fejlődés nyomon követésére használhatunk egy füzetet, egy alkalmazást vagy egy táblát — bármit, ami kényelmesebb számunkra, és ami motivál. A célunk a fejlődés, nem a tökéletesség.

Könnyen elcsüggedhetünk amiatt, hogy milyen sok időbe telik egy szokás megváltoztatása, mert ez egy folyamat – lépésenként lehet haladni. Mi emberek, csak kis változtatásokra vagyunk képesek, egyszerre csak egy dolgon tudunk változtatni, ha azt akarjuk, hogy az úgy is maradjon. A jó szokások elsajátítása és bevezetése egy életen át tartó folyamat, ez nem megy egyik napról a másikra. Mégis, képesek vagyunk változtatni — függetlenül attól, hogy kik vagyunk.

17 edzés

A saskatchewani Brackenben születtem, a montanai határ közelében, egy kis mezővárosban, amelynek lakóssága kevesebb mint 50 fő. Anyai ágon a családom birkatenyésztéssel foglalkozott, és anyám mindössze 18 éves volt, amikor férjhez ment, és megszült engem. Mivel olyan családi háttérből származott, ahol a fizikai erőnlét szükséges a túléléshez, igen összezavarodott, amikor azt tapasztalta, hogy beteges vagyok és étvágytalan.

Már egész kisgyermek koromban légzési problémákkal küzdöttem, amelyek végül súlyos asztmához vezetett. Mivel inhalátorok még nem léteztek, az asztmás rohamban szenvedő gyerekeket oxigénsátorba helyezték, és az én esetemben is ez volt az eljárás. Idővel egyre jobban elszigetelődtem a többi gyerektől. Ha futni próbáltam, nem kaptam levegőt - és az otthoni életem egyre rosszabb lett, mivel anyám egyre frusztráltabb és kétségbeesettebb lett.

Mivel sem fizikai, sem lelki eszközökkel nem rendelkezett, ahhoz, hogy kezelni tudja ezt a helyzetet, anyám félelme hamarosan haraggá változott. Elkezdett lustának nevezni, és amikor asztmás rohamom volt, egyszerűen figyelmen kívül hagyott. Időnként egyszerűen bezárt a szobámba, és hagyta, hogy egyedül kapkodjak levegő után.

Idővel megszületett mind a négy testvérem, így anyámnak semmi ideje nem maradt rám. A legkisebb kihívásra is verbális támadással reagált. Ezt követte a fizikai bántalmazás, melynek mindenki áldozatává vált, aki csak útjába került.

A vasárnapi közös vacsorák rettegéssel töltöttek el. Ahelyett, hogy egy örömteli, családépítő alkalom lett volna arra, hogy megbeszéljük kivel mi történt a hét folyamán, ez csak arra szolgált, hogy anyám hangot adjon haragjának és csalódottságának.

Egyik este, ahogy ez időről időre megtörtént, apám került a célkeresztbe. A panasz az volt, hogy túl sok időt töltött a templomban, nem keresett elég pénzt, és nem fegyelmezett minket eléggé. Apám — aki természeténél fogva csendes ember volt — megvárta, amíg anyám levegőt vesz.

49

Olivia Chadwick és Garnet Morris

— *Elaine, nem kell ezt a gyerek előtt tennünk. Megbeszélhetjük később.*

Anyám teljesen figyelmen kívül hagyta, majd végül annyira dühös lett, hogy felé dobott valamit. Soha nem fogom elfelejteni ezt a pillanatot. Apám megmutatta, hogy nem a düh és az erőszak a válasz. Az ember nyugodt maradhat, és megpróbálja uralni a helyzetet — akár sikerül, akár nem. Egy nap, viszont, a dolgok olyannyira elfajultak, hogy nem volt visszaút.

A családommal a szabadban töltöttük a napot, amikor elkezdtem zihálni. Ötéves voltam, és tudtam, mi következik: egy asztmás roham. Azt is tudtam, hogy nem akarok szólni a szüleimnek. Épp baseballoztak, és anyám soha nem tűrte, hogy a „gyengeségemmel" zavarjam. Nagyon nehezen kaptam levegőt, és nemsokára már levegőért kapkodtam. Latba vettem a lehetőségeket: vagy tovább kapkodom a levegőt, és ki tudja, mi fog történni, vagy szólok a szüleimnek, és kockáztatom anyám haragját. Túlélési kényszerből végül az utóbbit választottam.

Megkerestem a szüleimet, miközben az arcom kezdett bekékülni. Anyám a kocsihoz vitt és betett a hátsó ülésre, de ahelyett, hogy beszállt volna velem, bezárt a kocsiba, egyedül. Ahogy az ajtó kattant, kézen fogta apámat és azt mondta: — *Gyere, játsszunk még egyet!*

A forró járműben a földön fekve, levegő után kapkodva, biztos voltam benne, hogy meg fogok halni.

A meccs után a szüleim végül bevittek a kórházba. A pánikba esett orvosok gyorsan adtak egy adag adrenalint, hogy újra normálisan lélegezzek. Nem sokkal később egy másik kórterembe vittek, ahol hánytam a gyógyszertől, miközben a szüleim hazamentek nélkülem.

Ez volt az utolsó alkalom, amikor anyámhoz fordultam segítségért. Valójában abban a pillanatban eldöntöttem, hogy soha többé nem kérem senki segítségét.

17 edzés

A következő néhány évben ki-be utaltak a kórházba. Légzési nehézségeim miatt rendszeres ellátásra volt szükségem, és gyakran bent kellett maradnom néhány napra vagy egy hétre. Igen lehangoló és magányos lett volna, ha nincsenek a kórház kedves ápolói, akikben reményre leltem.

Ahogy teltek a napok, a nővérek egyre több mindenre megtanítottak, például hogyan kell megvetni az ágyat, hogyan hajtsam a lepedő sarkait a matrac alá. Néhányan könyveket hoztak nekem, köztük a Hardy Boyst és a Tom Sawyer kalandjait. A szüleim is beugrottak néha, és hoztak olvasnivalót, és ezekből a fiktív világokból döbbentem rá először, hogy lehet másféleképpen is élni.

Bár úgy döntöttem, hogy nem engedek senkit magamhoz közel, mégis felismertem és mély hálát éreztem a nővérek együttérzéséért. Ezt soha nem fogom elfelejteni.

Mire betöltöttem a 13 évet, más városba költöztünk. Bár még mindig szenvedtem az asztma miatt, új módszereket találtam arra, hogy megbirkózzak a magányommal. Továbbra is faltam a könyveket, és tutajozni jártam a tóra, ahol Tom Sawyernek képzeltem magam.

Otthon a dolgok ugyanolyan rosszak voltak, mint mindig, de most legalább volt lehetőségem elmenni. Továbbra is szűkölködtünk; a szüleim dolgoztak, de nem kerestek sokat. Apám a vasútnál dolgozott, majd később a hitelszövetkezetnél, anyám pedig fodrász lett, amikor 10 éves voltam.

Hamarosan elkezdtem időt tölteni egy helyi boltban, amelyet apám egyik barátja vezetett. Kezdetben felüdülést jelentett a többi gyerek által elszenvedett zaklatások után, és szívesebben ütöttem el ott az időt délutánonként, mint otthon vagy a városban. De egy idő után apám barátja furcsán kezdett viselkedni.

Mivel nem volt kihez fordulnom, elfogadtam, hogy ez talán normális, elvégre egy köztiszteletben álló üzletemberről és a család barátjáról volt szó.

Az ezt követő bántalmazás hónapokon belül megtörtént, bár senkinek sem mondtam el. Internizáltam a férfi cselekedeteit és mélységes szégyent éreztem. Mindent megkérdőjeleztem magammal kapcsolatosan és azt is, hogy kiben bízhatok meg, ha egyáltalán van ilyen. Épp, hogy kezdtem látni a kiutat, amikor valami újra magával rántott.

Amikor 17 évesen elköltöztem otthonról, azonnal találtam munkát a Canadian Imperial Bank of Commerce-nél. *Akkorra már elmúlt az asztmám és pontos elképzelésem volt arról, hogy milyen életet szeretnék élni: mást, mint amiben nevelkedtem. Rájöttem, hogy értek a számokhoz, és gyorsan haladtam a ranglétrán. Legbelül mégis ott motoszkált valami bennem, hogy saját vállalkozást szeretnék. Nem tudtam szabadulni ettől az érzéstől, bármilyen magas pozícióban voltam, vagy bármit is ígértek.*

A saskatchewani Brackenben a leggazdagabb ember egy szállodatulajdonos volt. Anélkül, hogy sokat gondolkodtam volna, úgy döntöttem, ebbe fogok belevágni. Amikor 20 éves voltam, egy barátommal felvettünk egy 30.000 dolláros kölcsönt. Ebből a pénzből megvettük az első szállodánkat, és néhány hónapon belül kivásároltam a barátomat.

Két év múlva eladtam a szállodát, és ingatlanokkal kezdtem foglalkozni, majd vettem egy másik szállodát, aztán még egyet. Végre, gondoltam, a dolgok kezdtek felfelé ívelni.

3. Az álmok felszabadítják a képzeletünket

„A hajnali szellő titkokat árul el. Ne feküdj vissza aludni. Kérned kell azt, amit igazán szeretnél."

-Rumi

Nap: 2011. december 2.
Óra: hajnali 6 óra
Edzés: 37

A park kezdett megtelni, amikor odaértem. Gyerekek a játszótéren, a korán kelők edzeni készültek, és szerelmespárok csodálták a fákról alácsüngő jégcsapokat.

Szombat reggel volt, és Garnettel a heti futására indultunk. Ezúttal azonban nem csak mi ketten. Garnet minden hétvégén találkozott egy baráti társasággal, hogy együtt edzenek. Együtt kocogtak a folyó partján, és közben megosztották egymással, hogy kivel mi történt. A legtöbbjük még kisgyerekes volt, így az életük azon szakaszát élték, amikor a társasági életet egybe kellett vonni egy másik produktív tevékenységgel.

E barátok közül néhányan már évek óta együtt edztek Garnettel, és a belső köréhez tartoztak. Tudtam, hogy az, hogy meghívott ezekre a futásokra, a maga módján azt jelenti, hogy kezdett barátjának tekinteni. Ez olyan sokat jelentett nekem, hogy álmomban sem mertem volna nem megjelenni.

Azon a hétvégén az egész csapat ott volt: Heather, az ápolónő; Moira, az üzletasszony; és Lori, a művésznő, aki mindig a béketeremtő szerepét játszotta, ha nézeteltérések támadtak. Ahogy közeledtem, Corát is megpillantottam, amint szeretett labradora után futott, aki fékezhetetlen és vad volt. Cora igyekezett felvenni vele a lépést.

Mindent egybevetve barátságos látvány volt.

— Jó reggelt! — kiáltottam. Kórusban üdvözöltek, majd elkezdtük kocogásunkat a Meewasin Valley Trail egy festői szakaszán, amely a városon keresztül és a folyó partján kanyarog fel és le. A szakasz egyes részeit sűrű fehér lucfenyők és somfák népesítik be, azt az érzést keltve, mintha rejtett utakon járnánk.

Nem tudtam nem észrevenni, hogy Garnet legtöbb barátja nő volt. Minden tőle telhetőt megtett, hogy ápolja ezeket a barátságokat, még akkor is, amikor ez gondot okozott az előző házasságában. Észrevettem, hogy a hűség nagyon fontos számára. Ez nemcsak a hosszú távú barátságaiban mutatkozott meg, hanem abban is, hogy mindig betartotta a szavát. A női barátok iránti preferenciáját az érzelmi kapcsolat iránti igényének tulajdonítottam. Ahogy kezdtük jobban megismerni egymást, megértettem, hogy ez az igény részben a gyermekkori tapasztalataiból eredt, amelyeket Garnet itt-ott elejtett morzsáiból raktam össze. Nem szeretett sokat beszélni a múltjáról, és különösen nem szerette, ha arra utaltak, hogy neki nehezebb dolga volt, mint bárki másnak. Amiről azonban beszélt, az az volt, hogyan lépett túl a családja eszmerendszerén.

A szokásokról folytatott beszélgetésünk óta még kíváncsibb lettem arra, hogyan győzte le a családja által elszenvedett diszfunkciókat és bántalmazásokat. Lenyűgözött az ahogyan meg tudta fogalmazni azokat a lépéseket, amelyek segítségével új szokásokat alakított ki, és kíváncsi voltam, hogy vajon ebben a témában is ilyen jól meg tudja fogalmazni.

Az utóbbi időben sokat foglalkoztatott az akadályok leküzdése, mert kezdtem úgy érezni, hogy úgy a magánéletben, mint szakmailag, falba ütköztem. A vállalkozásom sikeres volt, de elkezdett stagnálni, és már nem nyújtotta azt a kiteljesülést, mint régen. Nyughatatlan voltam azzal kapcsolatban, hogy lépni kellene valamilyen irányba, de életemben először nem láttam, hogy merre. Gyanítottam, hogy ez egy tégla lehet — egy öröklött, korlátozó nézet arról, hogy mit tudok elérni az életben — de nem tudtam, hogyan lehet eltávolítani.

Moirával kocogtam a csoport élén, de lelassítottam, és felvettem Garnet tempóját.

— Garnet lenne egy kérdésem hozzád.

— Mi lenne az?

— Próbálok rájönni, hogyan vihetném a következő szintre a vállalkozásommal, de valahányszor megpróbálom elképzelni, hogy mi legyen a következő lépés, nem jutok semmire. Te hogyan vizualizálod azt, hogy milyen irányba haladj, amikor úgy érzed, hogy elakadtál? Ez nálad egy szándékos cselekedet, vagy magától következik be a változás?

— Szándékos volt, és pontosan tudom, hogy mi volt az - mondta. — Az álmok.

Nem erre a válaszra számítottam. — Az éjszakai álmok? — kérdeztem.

— Nem, a nappali álmodozás.

— Mesélj erről.

— Nos, gyerekkoromban *a Hardy Boys* könyvsorozatot olvastam. A nővérek a kórházban — soha nem felejtem el a kedvességüket — mindig gondoskodtak róla, hogy legyen mit olvasnom, és a könyvekből kaptam képet arról, milyen lehet az élet:

szerető család, elég pénz ahhoz, hogy meglegyenek a szükséges dolgok, és néhány dolog, amire vágyom. Sokat álmodoztam, tisztán láttam magam előtt, hogy nekem is meglesznek ezek a dolgok, és ez elszántságot és kitartást szült. Gyerekkoromban volt egy nagyon konkrét álmom: arról álmodoztam, hogy lesz 100.000 dollárom és egy medencém, amiben a barátaim úszhatnak. Más szóval, gazdag akartam lenni. Mivel nagyon szegény családból származom, ez elképzelhetetlen volt. Ma már tudom, hogy a dolgok kimenetelét teremtettem meg az elmémben.

Meglepődtem. Garnet, tudta nélkül, a sportpszichológiában vizualizáció néven ismert technikáról beszélt. A gyakorlat során egy jövőbeli eredményt képzelünk el konkrét részletekkel, úgy, hogy mind az öt érzékszervünket bevonjuk — látást, szaglást, ízlelést, tapintást és hallást. Az agy nem tesz különbséget a megvalósított vagy az elképzelt cselekedet között, ezért ez egy hatékony eszköz a siker eléréséhez. Ezt használom az élsportolókkal.

— Az álmok célokat mozgósítanak — folytatta Garnet. — Egy másfajta jövőről alkotunk képet és az álmokból energiát merítünk, hogy elinduljunk efelé.

— De hogyan tudtad megtartani ezeket az álmokat? Hogyan tudtad megakadályozni, hogy elillanjanak?

— Az álmok égő vágyként jelentkeznek, és ezek isteni ajándékok. Senki sem tudja, hogyan és miért kapjuk ezeket az ajándékokat, de ha tápláljuk őket, valósággá válnak. Ugyanakkor, hajtóerő- és iránytűként is jelen lesznek az életünkben.

Azzal a feltételezéssel tettem fel a mentális gátjaim áttörésével kapcsolatos kérdést, hogy Garnet majd feltárja „Az öt jó szokást az üzleti életben való sikerhez" vagy valami más vezérigazgatói, kiforrot tanácsot. Az álmodozás eleinte túl múlékonynak tűnt, szinte időpocsékolásnak.

Pont erről próbálják leszoktatni a gyerekeket az iskolában. De ahogy tovább kocogtunk, a gondolat kezdett gyökeret verni, részben azért, mert amikor az „égő vágyat" említette, rájöttem, hogy ezt a dolgot, az életem egy másik területén már gyakorlatba ültettem. Garnet akkor még nem tudta, hogy mindig is égő vágyat éreztem az iránt, hogy lovakat tartsak. Gyerekkorom óta szerettem a lehető legtöbb időt tölteni a közelségükben. Ezt a vágyat nem tudtam visszavezetni semmire; ahogy Garnet mondta, mintha az univerzum kegyelme helyezte volna belém. Amikor 11 éves voltam, egy nő, akinek volt egy helyi istállója, megengedte, hogy iskola után minden nap gondozzam az állatokat, lovaglóleckékért cserébe. Ez volt életem legboldogabb időszaka; most is fel tudom idézni azt az eufóriát, amely elárasztott, amikor kinyitottam a kaput, és megcsapott a széna illata, meghallottam a lovak nyerítését, és láttam a többieket kint lovagolni.

Felnőtt koromban arra sem volt elég pénzem, hogy lovat béreljek, nemhogy vegyek egyet.

Időm sem lett volna rá, hogy gondját viseljem. De mostanában megengedtem magamnak, hogy újra felelevenítsem ezt a szenvedélyt. Nem tudom mi váltotta ki ezt bennem; talán a munkámmal kapcsolatos elégedetlenség érzése, vagy az a vágy, hogy a családon és a munkán kívül mást is csináljak. Amint megengedtem a gondolatnak, hogy belépjen az elmémbe anélkül, hogy megítélném, és szabad utat adtam a vágynak az elmémben és a testemben, olyan volt, mintha kinyitottam volna Pandora szelencéjét. Az égő vágy újra lángra lobbant, és ezt a képet megőriztem az elmémben — élénken, mind az öt érzékszervemet használva —, hogy arra a célra összpontosítsak, hogy a lovakat valamilyen módon beépítsem az életembe. Újra éreztem a széna illatát; láttam az állatok barna, fehér, fekete szőrét; éreztem selymes sörényüket.

Meglepődtem, hogy én magam is használtam a vizualizációt — azt a technikát, amiről tanultam és az élsportolóknál alkalmaztam —, anélkül, hogy tudatosan megneveztem volna, mit is csinálok. Ha arra tudtam használni, hogy a szenvedélyemet beépítsem az életembe, miért ne használhatnám arra is, hogy lássam magam elött a vállalkozásom jövőjét?

— Nem hiszem el, hogy erre nem jöttem rá magamtól — mondtam Garnetnek. — Nagyon hiszek a vizualizációban. Csak nem jutott eszembe, hogy így használjam.

— Nos, néha más szájából kell halljuk a dolgokat, hogy megvilágosodjunk — mondta.

— Amikor a vizualizációról tanítok, mindig kihangsúlyozom az ismétlés fontosságát — újra és újra megismételni — mondtam. — Így könnyebb felidézni. Ez egy nagyon erőteljes eszköz.

— Ez alapvető szerepet játszott abban a folyamatban, hogy túllépjek a családomtól örökölt világnézeten — mondta Garnet. — Az idő múlásával észrevettem, hogy azok az emberek, akik nem álmodnak, vagy nem hagyják, hogy álmaik kibontakozzanak, később megkeserednek és neheztelnek.

— Ezt én is tapasztaltam — válaszoltam. — Ha nem követed az álmod, akkor hagyod meghalni. Ez fizikai, lelki és szellemi betegséget okoz, mert elnyomsz valamit, ami rajtad keresztül kellett volna kifejezésre jusson. Az álmokat táplálni és gondozni kell.

— Így van. A másik buktató, amit tapasztaltam, hogy az emberek hagyják, hogy a jelenlegi helyzetük befolyásolja az álmaikat — mondta Garnet. — Bebeszélik maguknak, hogy valamit nem tehetnek meg, vagy nem válhatnak valakivé, vagy nem birtokolhatnak valamit, csak azért, mert az nem része a mindennapi életüknek. Pedig pont ez a lényeg: az álmok arra valók, hogy kitágítsák az életteredet. Valójában én *még mindig* álmodom.

— Milyen álmaid vannak most?

— Hogy milliárdos leszek.

— Miért?

— Mert úgy még több emberen tudok segíteni, és nagyobb változást tudok elérni a társadalomban.

— Milyen módon segítenél az embereken?

— Már most is sokat segítek az embereknek, egészségügyi és üzleti kérdésekben. Úgy még többet tudnék segíteni, és nagyobb problémákat is megoldhatnék.

— Csak meglepő, hogy ezt így valaki kimondja.
— Azért mondom ki, mert ez része a megvalósításnak és a felelősségvállalásnak. Ki akarod próbálni?
— Oké...— fogtam bele. A régi pajtámra gondoltam, és arra, hogy mennyire szerettem volna visszakerülni abba a térbe. — Lehet, hogy ez meg fog lepni, de az az álmom, hogy legyenek lovaim és egy tanyám.
Garnet szemrebbenés nélkül folytatta. — Milyen színű lenne a ház a tanyán?
— Fehér — válaszoltam gondolkodás nélkül.
— És hány lovad lenne?
— Hét – mondtam kuncogva. Tudtam, hogy mire megy ki a dolog, és értékeltem. A részletek nagyon fontos szerepet játszanak abban, hogy az álmok vagy a vizualizáció működjön.

A futás után alig vártam, hogy hazaérjek. A Garnettel folytatott beszélgetésem tüzet szított bennem, hogy a vizualizáció erejét felhasználva megálmodjam a következő lépést. Az első lépést tudtam: keresek egy csendes helyet, és hagyom szabadon szárnyalni a gondolataimat. Amikor hazaértem, átöltöztem, és leültem a kanapéra. A párom programot szervezett a fiunkkal, így szokatlanul csend volt. Behunytam a szemem, mély levegőt vettem, és elkezdtem álmodozni.

Elmélkedés
Tanulj meg nagyot álmodni

A z álmok az első lépést képezik egy jobb jövő felé. Ha a lelki szemeinkkel nem látjuk, hogy mit szeretnénk, nem tudunk célokat kitűzni annak eléréséhez. Ezt nevezhetjük álmodozásnak, de nevezhetjük vizualizációnak is.

A vizualizáció az a gyakorlat, melynek során mind az öt érzékszervünket felhasználva, nagyon konkrétan és részletesen elképzeljük a kívánt eredményt. Ennek segítségével elképzelhetünk magunknak egy új jövőt. Fontos megjegyezni, hogy a vizualizáció pozitív képzelgést jelent, nem pedig önmagunk ostorozásának eszköze. Nem arról szól, hogy mit nem tettünk még meg, vagy hogy a közösségi médiában látottakhoz hasonlítsuk magunkat. Arra szolgál, hogy felismerjük vágyainkat — hogy mit szeretne *a valódi* énünk —, és hagyjuk szabadon szárnyalni a képzeletünket, anélkül, hogy a „hogyan" miatt aggódnánk: *Hogyan fogom ezt megvalósítani?* Ehelyett hagyhatjuk, hogy elménk élénk képet fessen a végeredményről.

Vizualizációs gyakorlatok

Ha ez számodra ismeretlen, léteznek olyan gyakorlatok, amelyeket ha elvégzel, segítenek vizualizálni, amit szeretnék, vagy megálmodni azt az életet, amit élni szeretnél. Az alábbi példák nem meghatározóak és nem mindenre kiterjedőek, de jó kiindulópontot jelenthetnek:

1. Képzelj el egy helyet, ahová a szüleiddel jártál gyerekkorodban, például egy parkot vagy egy füves területet. Csukd be a szemed, ülj le annak a helynek a közepére, és válaszolj az alábbi kérdésekre:

- Mit látsz közvetlenül magad előtt?
- Napos idő van, vagy esős, esetleg felhős? Milyen az időjárás?
- Érzed az időjárást a bőrödön? Milyen érzés?
- Érzel-e valamilyen illatot?
- Hallasz valamit?
- Hogy érzed magad most?

Ennek a gyakorlatnak az a lényege, hogy emlékeztessük magunkat arra, hogy minden élmény több érzékszervre hat. Érezhetünk illatokat, hallhatunk vagy láthatunk dolgokat, és ezeknek nem kell a fizikai valóságunkban lenniük. A vizualizáció segítségével bármilyen pillanatot megélhetünk az elménkben, és teljes irányításunk van minden felett, ami abban a pillanatban történhet. Eldönthetjük, hogy esni fog az eső, vagy hogy kinyílnak a virágok. Az elménk nem tudja, hogy ez valóban megtörténik-e, vagy csak álmodjuk.

2. Használd ezt a gyakorlatot arra, hogy egy nagyon élénk képet fess a jövődről. Ez olyan képet, amit a való életben még nem láttál, de tudod,

hogy ezt szeretnéd. Ha diák vagy, képzeld el, ahogy végig sétálsz a színpadon a diplomaosztón. Mit fogsz viselni? Milyen illat lesz az előadóteremben? Kik lesznek a közönség soraiban? Milyen érzés lesz kezet fogni a dékánnal?

Egy másik példa: Képzeld el, hogy versenyautót akarsz építeni. Milyen alkatrészeket látsz magad előtt? Terepautó lesz vagy versenypályára lesz tervezve? Milyen színű lesz? Hol vagy, amikor építed, és milyen érzés ott lenni? Adj szárnyakat a képzeletednek; merj nagyot álmodni.

Fedezzük fel, mire vágyunk

Néhányunk számára a vágyaink azonosítása a legelső lépés. Vagy nem bátorítottak minket arra, hogy így gondolkodjunk a vágyainkról és szenvedélyeinkről, vagy aktívan lebeszéltek arról, hogy ezen gondolkodjunk. Ez egy egyszerű és egyértelmű gyakorlat, de segíthet felfedeznünk az égő vágyainkat. Tegyük fel magunknak az alábbi kérdéseket, és hagyjuk, hogy a válaszok maguktól törjenek a felszínre, anélkül, hogy megítélnénk őket:

1. Mit szeretek csinálni?
2. Ha semmi nem akadályozna meg abban, hogy ezt tegyem, hogyan változna az életem?

A második kérdésben az „akadályok" minden olyan dolgot magukba foglalnak, ami az utunkban áll: pénz, a körülöttünk lévő emberek, akik nem hisznek bennünk, a hely, ahol élünk, vagy akár a foglalkozásunk. Hagyjuk, hogy

17 edzés

Gondolataink elkalandozzanak egy olyan helyre, ahol nincsenek korlátok, és bármi megtörténhet.

Olivia Chadwick és Garnet Morris

16 évesen, reményekkel telve érkeztem Kanadába, arról álmodozva, hogy a költözés véget vet a gondjaimnak, sőt talán felszámolja az egész múltamat. Apám Kelownában élt, egy gyönyörű városban Brit Kolumbiában. A felesége jómódú volt, és egy hatalmas farmon éltek. A garázs fölötti szobát szánták nekem, így megvolt a magánszférám, de ugyanakkor azt az érzést is keltette bennem, hogy nem tartozom a családhoz.

Ettől függetlenül, tinédzserként teljesen letaglózott az életstílusuk, amelyet én a pénz és az észak-amerikai befolyás együtteseként fogtam fel. Nagyban eltért a hasonló anyagi helyzettel rendelkező európaiak életstílusától. Otthon hozzászoktam, hogy csak reggel 7 és 8 óra között volt meleg víz, számomra teljesen új volt az, hogy itt bármikor megengedtem a csapot, melegvíz folyt.

De hamar rájöttem, hogy a dolgok nem fognak olyan simán menni, mint én azt reméltem.

Az első nehézség az volt, hogy felvételt nyerjek az egyetemre, ami a legsürgetőbb célom volt. Mivel az Egyesült Királyságban a diákok egy évvel fiatalabban érettségiznek, mint Kanadában, a felvételi bizottság nem tudta, mit kezdjen velem vagy a külföldi bizonyítványommal. Apámmal hónapokig telefonálgattunk a főiskoláknak, míg végül az a döntés született, hogy teljesítenem kell a kanadai 12. osztályosok számára előírt alaptantárgyakat: matematikát, fizikát, kémiát és biológiát. Beiratkoztam egy esti felnőttképzési programra, és a vizsgáim és a tanulmányaim alapján felvettek a Saskatchewani Egyetemre Saskatoonban.

Az iskola 800 mérföldre volt attól a helytől, ahol apám és mostohaanyám élt. Egy ismerősük segített találni egy szobát egy társasházban. Egyedül repültem az új lakhelyemre, ahol senkit nem ismertem, és egy fillér sem volt a zsebemben. Viszont a Kelownában töltött rövid idő alatt három helyen is dolgoztam, ezért volt már mit feltüntetni az önéletrajzomban. Már érkezésem napján el is indultam benyújtani az önéletrajzom a helyi boltokba és

17 edzés

éttermekbe. Néhány héten belül két részmunkaidős állásom volt.

Ez szerencsésebbnek bizonyult, mint gondoltam, mert hamar rájöttem, hogy a mostohaanyám vagyona ellenére ő és apám nem fogják fedezni a kiadásaimat. Ő úgy vélte, hogy a pénz inkább az övé, mint az apámé, és minden bizonnyal nem ezé a 16 évesé, akit még csak most ismert meg.

Számomra ez nem volt furcsa vagy szokatlan. A neveltetésemnek köszönhetően, tudtam, hogy ha betöltöm a 16 évet már csak magamra számíthatok, és hogy magamnak kell megteremteni az egzisztenciámat. Még ha eszembe is jutott volna segítséget kérni, úgy gondoltam, hogy ezzel sebezhetővé válnék. Felfedné azt az igazságot, amit magamnak is alig mertem bevallani: hogy csak egy teher vagyok, és hogy az emberek azért segítenek nekem, mert ez a helyes dolog, nem pedig azért, mert szeretnek és törődnek velem, vagy mert hisznek bennem. Ez egy fájdalmas igazság volt, viszont korán megtanított arra, hogy hinnem kell magamban.

Az eredeti tervem az volt, hogy lógyógyászati szakon fogok tanulni. Imádtam a lovakat, a szabadban töltött időt és az állatok gondozását. De az első évben megtudtam, hogy egyszerre csak 40 hallgatót vesznek fel. A legtöbben helybéliek voltak, és a többség másoddiplomásként jelentkezett a programra.

Anélkül, hogy sokat gondolkodtam volna rajta, elvetettem az ötletet. Elég fiatal voltam ahhoz, hogy az élet által kijelölt utat kövessem, és úgy alakult, hogy jó voltam kineziológiában, amely az állatorvosi előképzés része volt. A test működésének tanulmányozása lenyűgözött — világéletemben sportoltam, még a betegségem alatt is —, így a tananyag elsajátítása nem okozott nehézséget.

Olivia Chadwick és Garnet Morris

Harmadéves koromban egy tanárom segített abban, hogy jelentkezzek az ösztöndíjas képzésre, és felvettek. Az iskola szívrehabilitációs intézményében kezdtem el dolgozni, és nem sokkal a diploma megszerzése után területi képviselői állást kaptam a brit kolumbiai Vancouverben, egy multidiszciplináris egészségügyi magánvállalatnál, amely a hosszú távú rokkantsággal élő emberek munkaerőpiacra való visszatérését segítette. Akárcsak Saskatoonban, itt is szerencsém volt a lakhatással.

Abban az időben meg kellett venni a bérbeadó lakások listáját; ez még az internet előtt volt. Az első hely, amit kinéztem a listáról, egy alagsori lakosztály volt Kerrisdale-ben, amiről akkor még nem tudtam, hogy a város egyik leggazdagabb negyede. A hölgy, aki a hirdetést feladta, nagyon kedvezményes áron adta ki az alagsori lakosztályt, amíg a fia egyetemen volt. Eléggé megkedvelt ahhoz, hogy kiadja nekem, és ezennel elkezdődött az igazi életem.

A kritikus pillanatokban, kisebb gesztusok segítettek az előrehaladásban.

Apám és felesége, bár anyagilag nem támogattak, segítettek bejutni az egyetemre. A barátjuk talált nekem egy lakást, a tanáraim támogattak a tanulmányaimban, majd ez az idősebb hölgy számomra megfizethető áron adta bérbe a lakását. Mégis évekbe telt, mire felismertem, hogy a körülöttem levő emberek a segítségemre voltak ezekkel a cselekedetekkel, és hogy elfogadhatom mások segítségét. Abban az időben csak az tűnt fel nekem, hogy mennyire egyedül éreztem magam.

Az egyetemi éveim alatt, összeköltöztem egy idősebb férfival egy rövid időre. Hogy kifejezze rosszallását, apám ugyanazt tette, amit máskor is — eltűnt az életemből, és ettől kezdve csak ritkán hallottam felőle. Ezután még sok éven át küzdöttem a hiányával.

17 edzés

Mindig is úgy fogtam fel ezt, hogy ez az ő döntése volt, hogy nem szeretne részt venni az életemben, pedig én szívesen fogadtam volna vissza az enyémbe.
　　Ez a második elidegenedés apámtól nagyon megviselt, és bizonyára sokkolóan hatott rám. Viszont azt nem gondoltam, hogy ez végleg így marad.

4. A sikeres élet lényegi részét az értékek képezik

„*Neked, aki az úton jársz,*
Kell, hogy legyen egy értékrended, ami vezessen..."

"*Teach Your Children,*" Crosby, Stills, Nash & Young

Nap: 2012. január 5.
Óra: hajnali 5 óra
Edzés: 50

J anuár olyan hirtelen érkezett, hogy még pislantani sem volt időm. Az évnek ez az időszaka mindig zsúfolt volt számomra; az ügyfeleim gyakran lemondták az edzéseket az ünnepek alatt, majd január 1-én újra kitűzték a fitneszcéljaikat. Ez azt jelentette, hogy anyagilag jó hónapom volt, de a magánéletemet illetően kihívást jelentett — annyira lefoglalt a munka, hogy nem tudtam annyi időt tölteni a családommal, amennyit szerettem volna.

Ez alkalommal, arra sem maradt időm, hogy a vállalkozásom

17 edzés

megújításán gondolkodjak, ezért átmenetileg ez is háttérbe szorult. Első közös edzésünk volt Garnettel az új évben, és tudtam, hogy szinte alig aludt valamit az utóbbi időben. Az ünnepek alatt sokat utazott, és épp, hogy visszatért egy üzleti útról. Előző nap küldött nekem egy üzenetet, hogy ragaszkodik az edzéshez, annak ellenére, hogy éjfélkor érkezett vissza Saskatoonba. Mint mindig, frissen borotváltan, teljes felszerelésben jelent meg, indulásra készen.

— Jó reggelt — üdvözölt, amikor beléptem a társasház ajtaján.

— Jó reggelt — válaszoltam. Tudtam, hogy próbál vidámnak tűnni, de láttam rajta, hogy kimerült. Ahogy az ajtó felé fordult, hogy elinduljunk, úgy döntöttem, irányt változtatok. Tapasztalatból tudtam, hogy néha a pihenés az, ami segít. Viszont a Garnethez hasonló ügyfeleket, akik hajlamosak voltak inkább a fájdalmat választani, mint a sérülések miatt aggódni, általában nehéz volt rávenni a pihenésre. Valójában tudtam, hogy Garnetnek könnyebb lett volna letudni egy hosszú futást, mint azt tenni, amit kértem tőle: lassítani, koncentrálni, és azokkal a dolgokkal foglalkozni, amiken még javítani kell az edzést illetően.

— Ma bent edzünk — mondtam, miközben elálltam a bejáratot.

Visszafordultunk, és az edzőterem felé vettük az irányt, ahol csak egyetlen bátor lelket találtunk, aki hajlandó volt szembenézni a reggeli sötétséggel. Fogtam egy szőnyeget és néhány szalagot. Garnet már egy ideje küzdött a befeszült vádlijával, ezért úgy döntöttem, hogy ezt a napot regenerálódással töltjük. Egyáltalán nem örült az ötletnek.

— Nem az lenne a fontosabb, hogy a távon dolgozzunk? — kérdezte.

Úgy döntöttünk, hogy indulunk a Kananaskis 100 mérföldes váltófutáson Albertában, és ő alig várta, hogy lefuthassa a rá eső távot.

— Az is fontos, de sokkal fontosabb, hogy ne feledkezzünk meg a keresztedzésekről, korrekciós edzésekről és jó közérzet fenntartásáról.

Edzőként nem csak az a feladatom, hogy bátorítsalak és támogassalak, amikor szükség van rá, hanem az is, hogy szüneteket iktassak be.

Nyújtás közben, Garnet az ünnepekről kérdezett, és arról, hogyan telik az új év.

— Sűrűbb, mint valaha — mondtam, — ami jó hír. A meglévő ügyfeleim mindenkinek ajánlanak, így szinte minden nap tele van edzésekkel.

— Ez remek — mondta. — És hogy állsz az új üzleti stratégiával?

Összerándult a gyomrom. Úgy éreztem magam, mint aki nem tanult és kihívják felelni. — Egyelőre háttérbe szorult — válaszoltam.

Garnet félbehagyta a gyakorlatot, és rám nézett. — Miért? — kérdezte.

— Egyszerűen túl elfoglalt vagyok. A bevételre kell összpontosítanom. Az én munkámmal többet tudok keresni, mint a párom, ezért minden lehetőséget meg kell ragadnom. Reméltem, hogy ez olyan üzletiesnek és határozottnak tűnik.

Garnet felült. — Ha nem haragszol, hogy megkérdezem, Olivia, hány éves vagy?

— Dehogy haragszom. Harminc kettő.

Garnet bólintott. — Nem sokkal voltam idősebb nálad, amikor átmentem az első üzleti válságomon. Negyven évesen mindent elvesztettem. És ha visszatekintek arra az időre, a válság előtti és utáni időszak közötti különbség az volt, hogy egy nagyszerű tanácsadó megtanított arra, hogyan fokuszáljak az értékekre.

— Azt hiszem, tisztában vagyok az értékeimmel - mondtam.

— Az jó, de a kérdés az, hogy aszerint élsz-e? Az alapvető értékeid az életed lényegét képezik — az, aki vagy, mielőtt gondolkodnál. Ha megérted és meg tudod nevezni ezeket az értékeket, biztos alapot szolgáltatnak a működésedhez.

— Oké, szóval melyek az alapvető értékeid?
— A legtöbb embernek öt vagy hat van. Számomra a két legfontosabb az őszinteség és a becsület.
— Miért pont ez a kettő?
— Nos, az őszinteség azért, mert tartanod kell magad ahhoz, amit mondasz. Nem tudok reggelente tükörbe nézni, ha nem eszerint élek. Szóval ez nem kérdés.
— És mi a helyzet a becsülettel?
— Ez együtt jár van az őszinteséggel. Egyfajta felelősségtudat, ami kapcsolódik ahhoz az elkötelezettségemhez, hogy pontos legyek, tartsam a kapcsolatot az emberekkel, és ehhez hasonlók. Ezeket akkor is megteszem, ha nem kényelmes számomra, még akkor is, ha ez kellemetlenséget okoz nekem, vagy felborítja a napomat.
— *Észrevettem*, hogy ezeket betartod a barátaiddal. A különös benne az, hogy energiát fektetsz abba, hogy átgondold, mi a legetikusabb és legőszintébb hozzáállás egy adott helyzetben, és hogyan cselekedd ezt meg anélkül, hogy másokat terhelnél. Egy Brené Brown idézetére emlékeztet: „A becsületesség azt jelenti, hogy a bátorságot választjuk a kényelem helyett; azt, választjuk, ami helyes, az élvezetes, gyors vagy egyszerű megoldás helyett; és azt választjuk, hogy az értékeink szerint élünk, nem csak megvalljuk őket."
— Ez nagyjából össze is foglalja a lényeget!
Letettük a szalagokat és a falhoz mentünk, hogy a vádli nyújtásával foglalkozzunk.
Még hat hónap volt a versenyig, de tartottam attól, hogy ha nem dolgozunk a testtudatán, az egyensúlyán és a mozgástartományán, nem fog készen állni egy ilyen hosszú távra. Mindeközben felmerült bennem egy kérdés.
— Kíváncsi lennék valamire — mondtam. — Mi történik a te esetedben, ha *nem* az értékeidnek megfelelően élsz? Ha elferdíted az igazságot, vagy elkerülsz egy kellemetlen beszélgetést, annak ellenére, hogy tudod, hogy nem cselekszel helyesen?
— Fizikailag rosszul érzem magam, teljes kudarcként élem meg. Ez az igazság. A jó hír az, hogy van mód arra, hogy túllendüljünk rajta, bár ez nem könnyű.
— És mi lenne az?

— Vizsgáld meg, hogy miért tetted, és ismerd be — válaszolta. — Egyszerű és nagyszerű. Például, ha azért füllentek, hogy ne bántsalak meg, attól a hazugság még hazugság. Azon dolgoznék szüntelenül, hogy megértsem, miért tettem, és aztán egy nap eléd állnék és azt mondanám: „Ezt meg ezt mondtam neked, de valójában nem úgy értettem." Ettől még nem lesz helyes, de igyekezned kell helyrehozni a dolgokat.

— Ezt a legtöbb ember nagyon nehéznek találja — mondtam. — Tükörbe nézni és őszintének lenni önmagaddal az egyik legnehezebb dolog.

— Senki sem mondta, hogy könnyű.

Huú. Azért Garnet néha jól odatudott mondani.

— Nos, az egyik alapértékem a kiválóság. Igyekszem mindig, mindenkivel a legjobb formámat hozni. Szóval amikor ilyen sok ügyfelem van, nehéz nem szánni extra időt arra, hogy a legjobbat hozzam ki magamból az ő érdekükben.

— És mi a többi?

— Háát... kapcsolat, bátorság, együttérzés, kihívás és tanulás.

— Nagyszerű. Az életed minden területén alkalmazod ezeket az értékeket, beleértve a kiválóságot is?

Az ugrott be, hogy milyen kevés időt töltöttem a fiammal és a párommal ebben a hónapban, milyen nehezemre esett megteremteni a munka és a magánélet közötti egyensúlyt, és hogy mindig túl sok munka lett a vége.

— Próbálkozom — válaszoltam. Tudtam, hogy védekezően hangzott.

— Tudom, hogy igyekszel — mondta Garnet. — Viszont, ha nem jövünk rá hogyan éljünk az értékeinknek megfelelően, később meg fogjuk bánni.

Ez a téglás beszélgetésünket juttatta eszembe. Ha lelassítottam, azt vettem észre, hogy a korlátozó meggyőződéseim néha az értékeimmel összhangban lévő életem útjában állnak. Amikor próbáltam megteremteni a munka és a magánélet közötti egyensúlyt, azonnal beleütköztem egy régi meggyőződésbe, amely szerint, ha nem dolgozom magam halálra, lusta vagyok. Ennek az lett az eredménye, hogy nem voltam annyira jelen és elérhető partnerként és anyaként, mint amennyire szerettem volna.

— Oké — mondtam —, de az, hogy az értékeidet iránytűként használod az életben, az — legalábbis szerintem — nagyon magas szintű életvitel. Szóval, hogy a fenébe csinálod?

— Az egyik legfontosabb dolog az, hogy ne törődj azzal, hogy mások mit gondolnak rólad. Csak azzal kell foglalkoznod, hogy *te* mit gondolsz magadról. Ha tisztában vagy az értékeiddel, akkor reggel mikor felkelsz felteszed magadnak a kérdést: „Hű vagyok hozzájuk?" Ha az vagy, akkor mindenki más elmehet a fenébe.

Nagyon érdekesnek találtam a hallottakat. Garnet gyakran olyan egyszerűen fogalmazta meg ezeket a gondolatokat, de tudtam, hogy sok munka volt mögötte. Mintha képes lenne desztillálni mindazt, amit eddig megtapasztalt az életében és legtisztult esszenciaként tenni eléd.

— Úgy tűnik, hogy ez a kudarc feldolgozásában is segítene — mondtam. — Mert ha kipróbálsz valamit, és nem sikerül, de tudod, hogy magadhoz hűen cselekedtél, ez hitet adna a folytatáshoz.

— Pontosan. Tehát, ha a lehető legjobb Olivia vagy, aki csak lehetsz — akkor alulértékeled magad azzal, hogy stagnálsz a vállalkozásodban. Mi kellene ahhoz, hogy tovább tudj lépni?

Az igazság az, hogy nem igazán tudtam.

— Leegyszerűsíthetnénk az ötletedet három kártyára, Olivia — folytatta Garnet, miközben az épületben hűsültünk.

— Ó, tényleg?

— Igen. Három dolog van, ami mindenkit visszatart, és ezek szinte mindannyiunknál ugyanazok, mert ilyen az emberi természet. Ezek a szégyen, a

bűntudat és a félelem. Ha egyszerűen azt mondanád: „Odaadom neked ezt a három kártyát, és azt akarom, hogy abban a sorrendben helyezd őket az asztalra, amilyen mértékben befolyásolnak. Az én feladatom az, hogy segítsek neked legyőzni ezeket", az emberek tudnának ezzel azonosulni.
— Egyetértek azzal, hogy az üzenetet le kell egyszerűsíteni. Az az érzésem, hogy az, hogy nem tudok időt szakítani arra, hogy leüljek és elgondolkodjak ezeken, valamilyen módon hátráltat; mondhatni jelentős mértékben.
— Őszinte leszek hozzád. Én úgy gondolom, hogy amikor eljön a megfelelő idő, meg fogod tenni.

Úton hazafelé, azon gondolkodtam, hogy mennyi mindent szeretnék csinálni, ha lenne rá időm.

A legtöbb ügyfelemnek nem mondtam el, de az elmúlt évek során kiábrándultam a fitneszipárból. Személyi edzői karrierem kezdetén az emberek azzal a céllal kerestek meg, hogy változtassak a testük méretén és formáján. Abban az időben én is egyetértettem ezzel a felfogással. Akkoriban ez volt az elterjedt meggyőződés — hogy az egészséges életmód feltétlenül fogyást jelent —, és mivel a testmozgás nekem nagyon sokat segített abban, hogy jól érezzem magam a bőrömben, úgy gondoltam, hogy másoknak is segíthetek ezt elérni, miközben azon dolgozunk, hogy megvalósítsák kitűzött céljaikat.

Viszont, amikor a fitnesz iparág évek múltán is olyan nagy hangsúlyt fektetett a súlyvesztésre, kezdtem úgy érezni, hogy nem nyújtom azt az ügyfeleimnek, amit szeretnék. Tudtam, hogy a tudásom és készségem meg van hozzá, mégsem tudtam segíteni az embereknek abban, hogy olyan mértékben változtassák meg testüket ahogyan azt valóságshow-kban, és a női magazinokban népszerűsítették.

Mindegy volt, hogy mennyit javult az életük a rendszeres testmozgásnak köszönhetően, az ügyfeleim úgy érezték, hogy kudarcot vallottak, ha nem fogytak. Azt mondták: „Jobban érzem magam, több energiám van, de valamiért mégsem

17 edzés

működik mert nem mozdul a mérleg." Kezdtem rájönni, hogy ha a társadalom nem vet véget a társadalmi kondicionálásnak, a testünket illetően, az emberek — gyakran a nők — nem fognak tudni megszabadulni attól a tehertől, hogy kényelmetlenül érzik magukat a saját bőrükben.

Meg akartam cáfolni azt a nézetet, mely szerint az élet minden problémájára a diéta és a testmozgás a válasz – és ha az ügyfeleim fogynak 5 -7 kilót, boldogok és elégedettek lesznek. Ehelyett, azt szerettem volna tudatosítani bennük, hogy az egészséges táplálkozás és a következetes mozgás *önmagáért* jó, mert segít abban, hogy a lehető legjobban érezzük magunkat, és a lehető legjobbat hozzuk ki magunkból.

Alapjában véve ez volt az az irány, amelyben el szerettem volna mozdítani a vállalkozásomat. Már a gondolat is lázba hozott, hiszen egy másik alapvető értékem a tanulás, és azt szerettem volna, hogy az ügyfeleim velem tartsanak ebben a kalandban. Észrevettem, hogy milyen energiával tölt el, amikor erre gondolok, ellentétben azzal az időnkénti rettegéssel, amit az egymás utáni edzések gondolata váltott ki belőlem.

Tudtam, hogy Garnet rátapintott valamire. A kérdés csak az volt: mi legyen a következő lépés?

Elmélkedés
Alapvető értékeink azonosítása és megélése

A z alapvető értékeink azonosítása nélkül lehetetlen, hogy összhangban éljünk a valódi énünkkel. Fontos azonban különbséget tenni az értékek, az emberi szükségletek és a társadalmi kondicionálás között.

Minden embernek megvannak a maga működési módszerei, amelyek azt szolgálják, hogy szükségleteiket kielégítsék. Például hazudhatunk annak érdekében, hogy elkerüljünk egy a túlságosan szigorú büntetést. Vagy lehet, hogy arra szocializáltak, hogy a külsőnket helyezzük előtérbe, holott ez nem rezonál azzal, akik valóban vagyunk.

Az alapértékek *értelmet* adnak: Mi az amiért valóban érdemes élni és ami erőt ad?

Összeállítottunk egy hosszú listát a lehetséges értékekkel. Ez a lista, érzések, tapasztalatok, életmódok és tulajdonságok széles skáláját tartalmazza, mint például a nyugalom, a gazdagság, a spiritualitás, a csapatmunka, az öröm, az együttműködés és a kedvesség. Miközben olvassuk az értékek listáját, és eldöntjük, hogy melyekkel rezonálunk leginkább, fontos megfigyelnünk, hogy mit kommunikál a testünk, és hogyan reagálunk a szavakra. Van olyan, ami teljesen megkérdőjelezhetetlen számunkra? Vagy van olyan köztük, ami nem annyira fontos? Ez egy nagyon jó módszer önmagunk megismerésére.

17 edzés

Ennek során megismerjük, hogyan akarunk létezni a világban: mi az, ami számít, és mi határozza meg azt az embert, akivé válni szeretnénk.

Hogy ezt még tovább pontosítsuk, egy toll vagy ceruza segítségével, minden egyes szó mellé írhatunk egy számot, annak függvényében, hogy az adott érték mennyire fontos számunkra (ne feledjük, hogy nincsenek helyes vagy helytelen válaszok):

1-Nem fontos számomra
2-Valamelyest fontos számomra
3-Fontos számomra
4-Nagyon fontos számomra
5-A legfontosabb számomra

Az értékek listája

A számozás során megfigyelhetjük ahogy egyes értékeket a ranglista élére kerülnek, míg mások kevesebb jelentőséggel bírnak. Próbáld meg többször megismételni a feladatot, akár napok vagy hetek elteltével, és nézd meg, hogy az egyes értékek mellé ugyanaz a szám kerül vagy sem. Végül öt-nyolc alapvető értéknek kell dominálnia.

- Alázat
- Anyagi biztonság
- Barátság
- Bátorság
- Becsületesség
- Befogadás
- Befolyás
- Beilleszkedés
- Béke
- Bizalom
- Biztonság

- Biztos munkahely
- Bölcsesség
- Család
- Csodálat
- Együttműködés
- Elégedettség
- Elfogadás
- Elismerés
- Empátia
- Erkölcs
- Fegyelem
- Felelősség
- Felelősségre vonhatóság
- Felfedezés
- Filantrópia
- Foglalkozás
- Függetlenség
- Gazdagság
- Gondoskodás
- Hagyomány
- Hálaadás
- Hatalom
- Határozottság
- Hatékonyság
- Hazaszeretet
- Hit
- Hitelesség
- Humor
- Hűség
- Igazságosság
- Információ
- Integritás
- Jólét

- Képesség
- Kíváncsiság
- Kockázatvállalás
- Komolyság
- Kormányzás
- Kölcsönösség
- Kötelesség
- Közösség
- Kreativitás
- Leleményesség
- Lelkiség
- Megbízhatóság
- Megfontoltság
- Méltóság
- Minimalizmus
- Minőség
- Műveltség
- Nagylelkűség
- Növekedés
- Nyitottság
- Önbizalom
- Önkifejezés
- Önmegvalósítás
- Öröm
- Összhang
- Pihenés
- Remény
- Rugalmasság
- Sebezhetőség
- Sokszínűség
- Sportszerűség
- Stabilitás
- Szabadság

- Szépség
- Szeretet
- Szilárdság
- Takarékosság
- Teljesítés
- Természet
- Türelem
- Utazás
- Vízió
- Wellness

Amikor ezt a gyakorlatot elvégezzük, azt fogjuk tapasztalni, hogy egyes értékeket a ranglista élére kerülnek, míg mások kevesebb jelentőséggel bírnak. Miután néhányszor megismételtük a gyakorlatot, akár napok vagy hetek elteltével, vizsgáljuk meg a válaszokat. Végül öt-nyolc olyan alapvető érték kerül a lista élére, amelyek valóban azt képviselik, akik vagyunk.

17 edzés

Miután megvettem és eladtam az első szállodámat, a vállalkozásom minden elképzelésemet felülmúlta, mivel megkerestem az első milliómat, majd több tucatszor megsokszoroztam. Minden időmet ennek szenteltem, minden nap reggeltől estig dolgoztam. Közben megnősültem, két gyermekem született, és mindent megtettem, hogy vacsorára otthon legyek, hogy olvassak a lányaimnak. Bár a dolgok jól mentek, attól tartottam, hogy egy nap talán meg fogom bánni, hogy a család helyett munkával töltöttem az időt.

Mindazonáltal a kitartó munkám meghozta a gyümölcsét, és a következő évtizedekben a szálloda- és ingatlanüzlet tovább gyarapította a vagyonomat. A harmincas éveim végén azonban a dolgok kezdtek megingani. Elvesztettem egy szállodát, majd egy másikat, főként a túl nagy optimizmussal társult féktelen ostobaság és rossz menedzsment miatt.

Volt egy szállodám, amelyet eladtam, de a vevő fizetésképtelen volt, így visszavásároltam a szállodát, de addigra már rossz állapotban volt. Úgy gondoltam, hogy helyre tudom hozni a dolgokat, ha felvásárolok néhány kisebb szállodát, amelyek nyereségesen működnek. Azonban nem megfelelő embereket alkalmaztam vezetői pozícióba — beleértve a saját családtagjaimat is —, és a szállodák várakozás alatt teljesítettek. Úgy gondoltam ezek még megoldható problémák; nem olyan vészesek.

Hogy kenyeret tehessek az asztalra és csökkentsem a költségeket, elkezdtem dolgozni a szállodáimban, hosszú műszakokban, és mellékállásban életbiztosítással foglalkoztam. Aztán elindult a lavina, és azon kaptam magam, hogy hétfőtől péntekig napi 20 órát dolgozom, szombaton 14 órát, vasárnap pedig nyolcat. Ez nem volt fenntartható, és nem volt nyereséges (sem egészséges a családom számára). Sorra veszítettem el a szállodákat, míg végül egy sem maradt, és a beszállítók követelték a pénzüket.

Az egykor több millió dolláros vállalkozást egyszer csak darabokra hullott.

Olivia Chadwick és Garnet Morris

Nagyjából ugyanebben az időben jelentkeztem a Strategic Coach® nevű programra, amelyet Dan Sullivan vezetett. Negyedévente tartottunk egy egynapos összejövetelt, ahol kisebb csoportokban, workshopok és előadások keretében zajlottak az események. Azért iratkoztam be, mert életbiztosításokkal foglalkoztam, és azt hallottam, hogy a Strategic Coach® segítene az üzletem előmenetelében — sok más ügynök is részt vett benne, és én éppen most kvalifikáltam magam, hogy csatlakozhassak a programhoz.

Akkor még nem tudtam, hogy a Strategic Coach® keretében nem csak a pénzzel kapcsolatos ismereteimet fogom bővíteni, hanem minden elképzelhető módon megváltoztatja az életemet.

Abban az időben láncdohányos voltam, több mint 136 kilót nyomtam, éjjel-nappal dolgoztam, és meggondolatlanul éltem. Egy év alatt 26-szor bírságoltak meg gyorshajtásért. Bár időbe telt, mire rájöttem, az életmódom volt az egyik oka annak, hogy a vállalkozásom szétesett. Az életem különböző területei között összefüggés van, és nem lehettem sikeres az egyik területen, miközben az összes többin elbuktam.

Ezt az összefüggést akkor értettem meg, amikor részt vettem a Strategic Coach® egyik tevékenységén, ahol a résztvevőknek le kellett jegyezniük a problémáikat, és stratégiákat kellett kidolgozniuk arra nézve, hogy ezeket megoldják. Amint nekikezdtem ennek a feladatnak, valami megváltozott bennem. Rájöttem, hogy nem leszek képes fejlődni a vállalkozásomban, ha a magánéletemet nem hozom rendbe. A kettőt nem lehet szétválasztani. A magánéletemben lévő problémák miatt nem lehettem sikeres a szakmai életemben, és fordítva.

Elkezdtem összeállítani egy listát azokról a dolgokról, amelyeken változtatnom kell, beleértve az egészségemet, a pénzügyeimet és a kapcsolataimat. Elképzeltem, hogy egy csendes szobában vagyok egyedül, és beismerem az összes hibámat — még azokat is, és talán különösen azokat, amelyek a legnagyobb szégyennel jártak.

Az egészségesebb életmód felé való elmozdulás mellett a másik fontos felfedezés a Strategic Coach® keretében az volt, hogy a legjobb megoldás számomra a csődeljárás, ami

17 edzés

meg sem fordult volna a fejemben. Miután elvesztettem a szállodáimat, kifizettem az összes beszállítót, mert nem akartam őket cserbenhagyni. Végül az állam felé maradt kifizetetlen tartozásom. Le tudtam volna róni ezt a kölcsönt is, viszont a végtelenségig kellet volna gürcölnöm, és jelentősen lelassított volna. Bár meg voltam győződve arról, hogy ez a legjobb megoldás, a csődeljárás hatalmas csapást mért az egómra és a büszkeségemre. Leküzdeni a szégyent, amit ez a döntés okozott, életem korábbi szakaszának egyik legnehezebb kihívása volt.

Saját bőrömön tanultam meg, hogy nem is tudjuk igazán mi az az alázat, amíg nem kell odaállj egy másik ember elé — egy bíró elé — és beismerd, hogy kudarcot vallottál és nem maradt pénz a cégedben. Ez a fájdalmas folyamat megtanított egy fontos dologra: egyetlen kitűzött célt sem lesz könnyű elérni.

Olivia Chadwick és Garnet Morris

A nővérem, Cassie két évvel volt idősebb nálam, és zseniális volt. Falta a könyveket, verseket és esszéket írt, és jeleskedett a művészetekben. Viszont amióta az eszemet tudom, súlyos lelki problémákkal küzdött. Sokszor megszökött otthonról, és mindig kiszámíthatatlanul viselkedett. Ez volt egyik oka annak, hogy úgy éreztem, hogy nekem összeszedettnek kell lennem, hogy én legyek az a gyermek, aki nem okoz gondot.

A '90-es években azonban egyikünk sem kapta meg a szükséges törődést. Cassie többször is öngyilkosságot kísérelt meg, ki-be járt a pszichiátriára, de soha nem kapott olyan segítséget, ami stabilizálta volna az állapotát.

Ahogy teltek az évek, egyre nehezebben találta a helyét a világban a tanulmányi eredményei ellenére. Beiratkozott a főiskolára, de a társkeresés felemésztette. Ápolónőnek tanult, majd üzleti iskolával próbálkozott, de az élet válságai — rossz párkapcsolat, a foglalkozás iránt érzett lelkesedés elvesztése — miatt, gyakran zátonyra futott. Belesett abba a hibába, hogy romantikus ábrándokat kergetett, majd hatalmasat csalódott a valóságban.

Végül az aneszteziológus szakmával próbálkozott, és egy rövid ideig úgy tűnt, hogy végre megtalálta az útját. Lelkesedett a munkáért, volt egy szerető társa, és mindannyian azt hittük, hogy az élete jó irányba fordult. Viszont soha nem tudhatjuk igazán, mi zajlik az emberek lelki univerzumában.

A kórházban, ahol dolgozott, azt mondták, hogy hónapokon keresztül csempészhette ki a nyugtatókat, de olyan kis mennyiségben, hogy senkinek nem tűnt fel. Amikor összegyűlt a halálos adag, túladagolta magát, és ezzel, 22 éves korában, véget vetett az életének.

Ekkor apám már két éve nem beszélt velem, de ő volt az, aki értesített. Amikor felvettem a telefont, szinte azonnal tudtam. Hallottam a hangján, éreztem a csontjaimban. Elment.

5. Nagylelkűség:
Adni jó

„Amilyennek látsz másokat, úgy bánsz velük, és ahogyan bánsz velük, azzá válnak."

-Goethe

Nap: 2012. február 1.
Óra: reggel 9
Edzés: 58

Egy hideg, de napsütéses vasárnap reggel palacsintát sütöttem a családomnak. Ahogy a serpenyőbe öntöttem a tésztát, motorbőgésre lettem figyelmes.

Először úgy gondoltam, hogy biztosan elhajtott egy motoros az utcában, de aztán a hang egyre közelebbről hallatszott, majd egészen a ház elől.

Hangosan felnevettem, amikor rádöbbentem, hogy mi történik.

Egy héttel korábban, Garnet mesélte, hogy vett magának egy Harley-

Davidsont. Eleinte ugrattam őt emiatt, mondván, hogy ez a kapuzárási pánikra vall. Nem bánta; imádja az autókat és a motorkerékpárokat, és semmi sem tudta elrontani az új szerzeménye okozta örömét. Megemlítettem neki, hogy a fiam, Keenan is imád mindent, ami motorral működik. Bár még igen kicsi volt, Keenan mindig meglepett a megfigyelőképességével. Egyszer éppen a nyári gumikat cseréltem le a télire, amit én a legjobb esetben is idegesítőnek találok, de Keenant lenyűgözte.

Garnetnek két felnőtt lánya van, akikbe belenevelte a járművek iránti szeretetet, és felcsillant a szeme, amikor megemlítettem Keenan érdeklődését.
— Szerinted kíváncsi lenne a motorkerékpárra? - kérdezte.
— Biztos vagyok benne, hogy tetszene neki - válaszoltam.
Nem számítottam semmilyen következményre. Gyakran folytattam ilyen beszélgetéseket az ügyfelekkel, olyan esetleges tervekről, amelyek soha nem láttak napvilágot. Garnet viszont más volt. Ő mindig tartotta a szavát. Talán még ennél is fontosabb volt azonban, hogy valami, amit nemrég mondtam Garnetnek Keenanról, mélyen megérintette, mégpedig az, hogy Keenan egy nagyon ritka szívbetegséggel született, ami miatt bármilyen fizikai aktivitás során nehezen kapott levegőt. Már születése előtt tudomásom volt erről a rendellenességről, de az utóbbi időben felgyorsítottuk a kezelési folyamatot, ugyanis kiderült, hogy egyre nagyobb a kockázata annak, hogy az artéria teljesen elzáródjon. Előjegyeztük pacemaker beültetésre, ami egy kisgyermek számára egy rendkívül invazív műtét. Egy korrekciós eljárás is felmerült, amely esetleg megszüntetné a születési rendellenességet.

Garnet tudat alatt azonosult Keenan helyzetével. Keenan nem tudott sportolni vagy szabadon szaladgálni, mint más gyerekek, és Garnet is hasonló helyzetben volt az asztmája miatt. Ez egy fájdalmas gyermekkori emlék volt számára, és nem szerette volna, hogy Keenan is így élje meg.

17 edzés

Azon a vasárnapon minden erőmmel azon voltam, hogy Keenan ne szaladjon ki egyenesen az utcára, hogy láthassa a motort. Mielőtt észbe kaptam volna, Garnettel már a motort vizsgálták, a kormányt, és hogy miként működik a motorkerékpár. Keenan el volt ragadtatva; millió kérdést tett fel, és Garnet végtelen türelemmel válaszolt.

Tudtam, mi következik.

— Keenan, szeretnél tenni egy kört? — kérdezte Garnet. — Természetesen csak a szüleid beleegyezésével.

Keenan rám nézett és könyörgött. — Kérlek, hadd mehessek! Óvatos leszek!

Mi egy mezőgazdasági régióban élünk; amiről azt szokták viccesen mondani, hogy olyan sík a terület, hogy egy másik államból is látni a horizontot. Megígértettem velük, hogy lassan mennek, és Garnet azt mondta, hogy csak egy háztömbnyi távolságot tesznek meg. Bekiáltottam Keenan apjának, hogy biztos legyek benne, hogy ő is benne van.

— Jó lesz — válaszolta a párom. — Bárcsak én is mehetnék!

Segítettünk Keenannak felcsatolni a sisakját és felkapaszkodni a motorra. Örömmel töltött el így együtt látni őket. Keenan arcára kiült az öröm és a csodálat, Garnetből pedig meghittség és meglepő módon mókásság áradt. Néztem, ahogy elindulnak, lassan haladnak az úton, és rövid időn belül a másik irányból visszatérnek.

— Milyen volt? — kérdeztem Keenant.

— Fantasztikus! — érkezett a válasz.

Garnet elmosolyodott. — Remek navigátor — mondta. Keenan ragyogott a boldogságtól.

Behívtam Garnetet palacsintára – amúgy is túl sokat sütöttem —, de ő tiltakozott, és elment, akárcsak egy tündér keresztapa.

A következő edzésünkön hálásan megköszöntem neki. Keenan egész héten a motorozásról áradozott.

— Nagyon kedves volt tőled, hogy eljöttél odáig, csak azért, hogy elvidd őt egy körre — mondtam.

— Öröm volt számomra — válaszolta. — Számos negatív dolgot kellett leküzdenem a gyerekkoromból, de ami a nagylelkűséget illeti, azt apámtól tanultam.

Garnet elmesélte, hogy a legkedvesebb gyerekkori emlékei közé tartoztak azok a szombati napok, amikor az apjával az egyháznak végeztek önkéntes munkát. Garnet apja hitt a közösségteremtésben és a rászorulók megsegítésében. Az együttérzés, az empátia és a kedvesség motiválta, és Garnetbe is belenevelte a nagylelkűség felemelő érzését.

— Vonzotta az embereket, mert felismerték benne a törődést — mondta Garnet. — Nagyon csodáltam őt ezért a munkájáért, és ebből a szempontból, igyekszem olyan lenni, mint ő.

— Nos, el sem tudom mondani, mennyire értékelte Keenan, hogy átjöttél a motorral — mondtam.

— És azt tudja, hogy az anyukája is ugyanolyan nagylelkű?

A bók hallattán elpirultam. Garnet szavai a szívemig hatoltak.

— Nem tudom — válaszoltam. — Nem tartom magam különösen nagylelkűnek.

— Tudod, néha azt hiszem, nem is tudod, hogy mennyi mindent adtál nekem az elmúlt öt hónapban — mondta Garnet. — Amikor elkezdtük a közös munkát, már öt perc után szakadt rólam az izzadság. Most le tudok futni nyolc kilométert, és fantasztikusan érzem magam. Tudom, hogy nem mindig olyan könnyű velem dolgozni. Azért értem el ezeket a célokat, mert te nem mondtál le rólam. Azt mondod, hogy én vagyok a nagylelkű, de én arra vagyok kíváncsi, hogy *te* hogy vagy ilyen nagylelkű és nyitott arra, hogy meglásd az emberekben a legjobbat.

— Nos... azt hiszem, meggyőződésem az, hogy a nagylelkűség szükséges ahhoz, hogy jól érezzük magunkat a bőrünkben. Azzal, hogy

17 edzés

másokon segítünk, hozzájárulunk a jó közérzetünk megteremtéséhez, pozitív energiát küldünk ki a világba. És még csak nem is kell oda-vissza működnie. Ha a legjobbat feltételezem rólad, lehet, hogy te viszonozod ezt az érzést, de az is lehet, hogy nem, viszont én kiküldtem ezt a pozitív hozzáállást az univerzumba, ami már nettó nyereség.

— Egyetértek. Ez a pillangóhatás.

— Igen!

— Az egyetlen fenntartásom ezzel a meggyőződéssel kapcsolatban az, hogy józan ítélőképességgel kell rendelkezned. Ha valaki kihasználja a nagylelkűségedet, nagyon fontos, hogy egyértelmű határt szabj az illetőnek.

— Néha én is küzdök ezzel.

— Régebben én is így voltam vele. Ez az egyik fő oka annak, hogy elvesztettem az összes szállodát. Folyton azért vettem fel az embereket, mert rosszul éreztem magam miattuk, és azután sem bocsátottam el őket, miután már megmutatták, kik is ők valójában.

Beszélgetésünk eszembe juttatta azt a kutatásom, amit nemrégiben végeztem az önegyüttérzésről. A gyakorlat lényege az volt, hogy fogadjuk el magunkat, függetlenül attól, hogy hol tartunk a növekedés vagy gyógyulás útján, ahelyett, hogy azt mondanánk, hogy majd akkor fogadjuk el magunkat, ha elérünk egy bizonyos célt. E tanítások szerint ez a kulcsa annak, hogy határokat szabjunk és nagylelkűek legyünk az adott helyzetnek megfelelően.

— Tudod, Olivia, ez a beszélgetés eszembe juttattot egy olyan gyakorlatot, amit újra el akarok kezdeni — mondta Garnet. — Kiválasztok három nagylelkű cselekedetet, amit minden nap megteszek, és miután elvégeztem, leírom őket. Az egyik kedvencem az, hogy megkeresem az emberekben a jót, és tudatom velük, hogy mit látok. Például régebben jártam egy Starbucksba, és mindig ugyanaz a barista volt ott. Mindig mondtam neki, hogy remek munkát végez. Egy nap rájöttem valamire a hanglejtéséből és a viselkedéséből. ADHD-s volt, amit azért ismertem fel, mert nekem is az van.

Garnet már korábban is említette a diagnózisát, de nem részletezte.

Tudtam, hogy élete későbbi szakaszában kapta a diagnózist, és hogy ez megváltoztatta az önértékelését és a világgal való kapcsolatát.
— Említetted neki valaha? — kérdeztem.
— Igen. Megkérdeztem tőle, hogy tudja, hogy ADHD-ban szenved. Elég furcsán nézett rám, de amikor legközelebb találkoztunk, azt mondta: — *Garnet!* — mindig így köszönt — Igazad volt! Elmentem a klinikára, és megvizsgáltak. Tényleg ADHD-m van! Ez annyi mindent megmagyaráz!
— Ez elképesztő! Biztosan megváltoztatta az életét.
— Ez egy példa arra, hogy a nagylelkűség mire képes.

A következő néhány hónapban Garnet további különleges kalandokra vitte Keenant. Elvitte a John Deere kereskedésbe és több motoros sétára. Később Garnet elmondta nekem, hogy amikor először találkozott Keenannel, „a leghihetetlenebb déjà vu érzést" tapasztalta. Részben azért jött el a motorral, magyarázta, hogy olyan kapcsolatot alakítson ki Keenannel, amelyről tudni fogja, hogy valaki mindig ott lesz számára — még akkor is, ha ez a valaki, ahogy Garnet foglamazott, „csak egy öreg fickó". Tovább akarta adni azt a kedvességet, amit a kórházban kapott a nővérektől. Ez volt Garnet nagylelkűségének egyik legőszintébb megnyilvánulása (bár az évek során még számos ilyet tapasztalhattam részéről).

Látva, Garnet kapcsolatát Keenannal, rájöttem, hogy ő tényleg semmit nem csinál félgőzzel – vagy mindent belead, vagy semmit. Úgy tűnt, ugyanannyi örömet okozott neki, mint Keenannek, hogy olyan programokat találjon ki, amelyek rendkívüli örömöt és az érzelmek túláradását váltják ki Keenanból. Valamennyiszer megosztotta Keenannel a következő kalandjukkal kapcsolatos terveit, mindkettőjük arcán ugyanolyan öröm ragyogott. Minél többet gondolkodtam rajta, annál inkább rájöttem, hogy mennyire fontos ez —

17 edzés

Garnet Keenan iránti nagylelkűsége, de az is, hogyan nyilvánul meg a nagylelkűség a saját életemben.

Mindig igyekeztem nagylelkű lenni az ügyfeleimmel és a családommal, de rajtakaptam magam, hogy az idő többi részében lehajtott fejjel járok. Ahogy ezen töprengtem, elkezdtem gondolkodni apró dolgokon, amelyekkel mosolyt csalhatnék az emberek arcára — megdicsérhetem a munkájukat, az öltözetüket, a gyerekeiket. Olyan egyszerű volt. Csak tudatosítanom kellett magamban.

Elmélkedés
Növekedjünk a nagylelkűségben

A nagylelkűség a dolgok továbbadásáról szól — kedvesnek lenni vagy kedves dolgokat tenni másokért anélkül, hogy elvárnánk, hogy cserébe ők is tegyenek értünk valamit. Ebben a tekintetben ez is része az integritásnak és annak, hogy megtegyük, amit meg kell tenni, még akkor is, ha ez kellemetlenséggel jár számunkra.

Mivel ez egy igen széleskörű téma, a nagylelkűségben szerepet játszó konkrét gondolatok és elvek figyelembevétele segít abban, hogy megtanuljuk gyakorolni:

1. A nagylelkűség nem feltétlenül jelenti azt, hogy pénzt adunk.

    Nagylelkűnek lenni azt jelenti, hogy abból adunk, ami a rendelkezésünkre áll. Ez jelentheti azt, hogy megdicsérjük a baristát, akivel minden nap találkozunk a helyi kávézóban, vagy ha észrevesszük, hogy valaki elveszített valamit, visszaadjuk neki. Ezek a dolgok nagyon kevés időt és erőfeszítést igényelnek, de megváltoztathatják mások napját.

2. Gondolkodjunk el három-négy dolgon, amit minden nap megtehetünk.

17 edzés

Írjuk le milyen módon akarunk nagylelkűek lenni. Így minden nap kipipálhatjuk, ha megvalósítottuk. Ezáltal a nagylelkűség szokásunkká válik.

3. Ugyanolyan nagylelkűnek kell lennünk magunkkal szemben, mint amilyen nagylelkűek vagyunk másokkal szemben.

Ahogy a mondás tartja, fontos, hogy először a saját oxigénmaszkunkat vegyük fel. Gyakorlatba ültetjük a jó szokásokat és az értékeink szerint élünk? Gondoskodunk testi és lelki egészségünkről? Csak ha ezekre odafigyelünk, tudunk igazán jelen lenni mások számára.

4. A nagylelkűség élethosszig tartó tevékenység.

Mint minden jó szokás, a nagylelkűséget is gyakorlást igényel. Néha megfeledkezünk róla, de könnyű újra visszatérni hozzá, ha feljegyezzük az ötleteinket és megvalósítjuk őket.

Miközben tovább dolgoztam azon a terven, amelyet a Strategic Coach® program keretén belül kezdtem el, egy másik meglátásnak is teret adtam az életemben, amely gyökeres változást hozott: a taníthatóságnak. A tervem megvalósításához szakemberek közreműködésére volt szükségem, az orvosoktól kezdve a pszichiátereken át a gyógyítókig és másokig. Így életemben először elkezdtem másokhoz fordulni segítségért.

Willy Fornier, a tanácsadó, az elsők között volt, akihez fordultam, és rengeteget segített abban, hogy újra az értékeimre és a küldetésemre összpontosítsak. Sok órát töltöttem azzal, hogy kiderítsem, mi a legfontosabb számomra az üzletben és az életben, és az így kialakult meggyőződések irányt mutattak a mindennapjaimban. Meg tudtam fogalmazni a küldetésem: a lehető legtöbb embernek segíteni, és a legjobb elérhető forrás lenni a nettó értéküket optimalizálni kívánó vállalkozók számára.

A legjobbnak lenni azonban nem *azt jelentette, hogy megvalósítok egy célt, majd hátradőlök és lazítok. Azt jelentette, hogy folyamatosan fejlődöm és újítok, hogy* ma *legyek a lehető legjobb, nem tegnap vagy holnap.*

A jelenre való összpontosítás koncepcióját egy másik, buddhista szemléletű, tanácsadóm is megalapozta. Olyan tanokba vezetett be, amelyek arra ösztönöztek, hogy mélyebben megértsem önmagam, hogy folyamatosan megküzdjek a problémáimmal, és hogy megértsem, hogyan viszonyulok másokhoz. Olyan könyvek hatására, mint például a Going to Pieces Without Falling Apart - Mark Epstein, PhD; A boldogság művészete - 14. Dalai Láma és Howard Cutler *és a* Hogyan lássuk magunkat olyannak, amilyenek valójában vagyunk - 14. Dalai Láma, *a gondolkodásmódom lassan megváltozott, és megértettem, hogy lényünk legmélyén is lehetséges a változás.*

Természetesen, a „taníthatóvá válás" a már utólag megfogalmazott letisztult verziója ennek a folyamatnak. Akkor úgy fogtam fel, hogy egyszer már megjártam, így aztán már nem voltam

17 edzés

annyira biztos benne, hogy olyan okos vagyok. Ez a gondolatmenet eredményezte azt, hogy fejlődőképessé váljak — lényegében az alapoktól kezdve.

Mindezen változások közepette továbbra is eltökélt voltam, hogy támogatom a családomat. Eredetileg kényszerűségből vágtam bele az életbiztosítási üzletágba, de mint az első munkahelyemmel a Bank of Commerce-nél, hamar rájöttem, hogy tehetségem van hozzá. Miközben felépítettem a The Targeted Strategies Group (TTSG) vállalkozásomat, amely Kanada legnagyobb és legkifinomultabb biztosítási brókercégévé vált, és amely nagy vagyonnal rendelkező magánszemélyekkel és családokkal működik együtt biztosítási és vagyontervezési kérdésekben, továbbra is arra összpontosítottam, hogy a leghatékonyabb gyakorlati módszereket alkalmazzam, úgy a személyes életemben, mint szakmailag. Ez egy hosszú folyamat volt, ami nem lehet egy nap alatt véghez vinni. Viszont ez volt az egyetlen felfelé vezető út.

A kongresszusi központ, az arizonai Phoenixben, tele volt olyan emberekkel, akiket évek óta csodáltam: tapasztalt, elit influenszerek az egészség és wellness területén a világ minden tájáról. Azért voltam ott, hogy bemutassam az új vállalkozásom ötletét, és hogy tanuljak a legjobbaktól és a legtehetségesebbektől a szakmámban.

Volt egy bizonyos hölgy, akivel reméltem, hogy kapcsolatba kerülhetek. Ő nagyon ismert és sikeres volt — és ma is az —, és az 50 év feletti korosztály számára készült fitneszprogramokra specializálódott. Mivel hasonló volt a célközönségünk, úgy gondoltam, hogy érdekelheti az ötletem.

Egy kapcsolatépítő rendezvényen odamentem hozzá, bemutatkoztam, és megkérdeztem, hogy bemutathatom-e neki a tervemet. Nagy örömömre igent mondott.

Egy percig figyelmesen hallgatta, ahogy előadtam az ötletem: a táplálkozási zavarom indított el azon az úton, hogy megtaláljam a módját annak, hogy a tömegek számára olyan fitnesz programot tegyek elérhetővé, ami nem a szégyenre, a hibáztatásra vagy a bűntudatra összpontosít, hanem inkább azt a felfogást támogatja, hogy a testmozgásnak és wellnessnek nem kell feltétlenül kapcsolódnia a súlyvesztéshez.

Amikor végeztem, elmosolyodott. — Hát, tizenéves korában mindenki megpróbálkozik a fogyókúrával és a táplálkozási zavarokkal, nem igaz? — mondta. — Köszönöm, hogy megosztottad, de nem hiszem, hogy ez elég nagy fájdalompont lenne ahhoz, hogy sikeresen vállalkozást építsünk köré.

Visszamosolyogtam és elsétáltam, de belül dühöngtem. A mentális betegségek közül, a jelenlegi opioidválság előtt, az étkezési zavarok okozták a legtöbb halálesetet. A fitnesz és wellness iparágban eltöltött évtizedek rávilágítottak arra, hogy a szépség, a test és a nőiesség ideálja sok embert — különösen a nőket — megfoszt a mentális egészségünktől; ennek hatására egészségtelen kapcsolatot alakítanak ki az étkezéssel és a testmozgással, és annyira lefoglalják őket a testükkel kapcsolatos gondolatok, hogy nem marad energiájuk a karrierjük vagy más céljaik előmozdítására.

17 edzés

Ha ez nem elég nagy fájdalompont, akkor nem tudtam, mi lenne az

6. A célok vezetnek a sikerhez

Nap: *2012. március 2.*
Óra: *hajnali 5 óra*
Edzés: *75*

hogy a tél tavaszba fordult, Garnettel felturbóztuk az edzéseinket. Kananaskis júniusban került megrendezésre, és specifikus edzésekre volt szükség, hogy felkészüljünk. Ez azt jelentette, hogy az erőnléti edzéseket felváltották a terepfutások, és Garnetnek még akkor is futnia kellet, amikor utazott, és alkalmazkodnia kellett az új időzónához. A jó hír az volt, hogy annyira elfoglalt volt, hogy rengeteg olyan nap volt, amikor a futás egyrészt mentális kikapcsolódást jelentett számára, másrészt új erőre kapott általa, visszanyerte az ihletét és a kreativitását. Azzal, hogy ragaszkodott az egészséges életmódhoz, valójában növelte a munkahelyi teljesítményét. Erre gyakran emlékeztettem őt.

A pénteki találkozásunk már az ötödik egymást követő alkalom volt, ami igen szokatlan volt. Garnet hetente legalább egyszer elutazott munkaügyben. Számomra tökéletes időzítés volt, hogy most sűrűbben

17 edzés

találkoztunk, mert végre rávettem magam, hogy megújítsam a vállalkozásom, Garnet pedig tanácsokkal látott el. Miután átgondoltam az egészet, azonosítottam azokat a nagyobb változásokat, amelyeket be akartam vezetni.

Bár a fitnesz átalakult wellness-kultúrává, ez a változás olyan helyzetet teremtett, amelyben a hétköznapi ember még a saját pszichéjében sem tudta teljesen, hogy egészségre vagy csupán fogyásra törekszik. Számomra az már nem volt elég, hogy ne játszam össze ezzel a felfogással. Ha nem tettem aktívan azért, hogy megsemmisítsem a kultúra által létrehozott testszégyent és károkat, akkor nem tettem eleget; továbbra is hagytam volna, hogy a fitneszkultúra állapota fennmaradjon.

Ezt szem előtt tartva szerettem volna átformálni az egészségügyi és wellness kultúrát, és biztonságos teret teremteni a tanuláshoz és a növekedéshez az ügyfeleim számára. Meggyőző, alternatív módokat akartam találni arra, hogy a fitneszre, mint önfejlesztő és növekedési aktivitásra tekintsünk, amely segít az embereknek feldolgozni a testszégyent, a bűntudatot vagy a testükkel kapcsolatos személyes traumáikat; a mozgást pedig tekintsük a felszabadulás egyik formájának. Mély meggyőződésem volt, hogy ez a legegészségesebb hozzáállás, ami a testmozgást illeti, amelynek előnyeit a kutatások újra és újra bebizonyították, és ezt az üzenetet szerettem volna eljuttatni a lehető legtöbb emberhez.

A Garnettel való munkám reménysugár volt, mivel tudta, hogy mit szeretnék elérni, és nem engedte, hogy letérjek az útról, ami legalább annyira idegőrlő volt, mint amennyire bátorító.

A futóútvonalunkon nagy tócsákban állt az olvadó hó, ezeket ki kellett kerülnünk vagy át kellett ugranunk. Emiatt nem sok futó volt ezen az útvonalon, inkább a síkabb, szárazabb terepet választották.

Garnet nem vesztegette az időt. — Szóval, hogy megy az üzlet?

— Jól — válaszoltam azt remélve, hogy témát vált. Nem volt szerencsém.

— Mit tettél tegnap este a célod elérése érdekében?

— Um... vacsorát főztem és időben lefektettem a fiamat?

— Nagyon vicces. Komolyan kérdeztem. Célok nélkül nem jutsz sehová az életben.

— Igen, de mi lesz az életem többi területével? Nem szeretném, hogy a céljaim a családommal töltött idő rovására menjenek.

— Nos, egy új helyzetben vagy. Nemrégen az anyáknak nem volt ennyi választási lehetőségük. Így bizonyos értelemben új ösvényt kell kitaposnod. Úgy tudsz megmaradni az úton, ha konkrét célokat tűzöl ki.

— Szerintem azok. Olyan irányba szeretném elmozdítani a vállalkozásomat, hogy segítsek az embereknek megszabadulni a diétás kultúra sulykolta toxikus tanításoktól.

— Ez egy ötlet, nem konkrét cél. Hadd adjak egy példát. Négy-öt éves lehettem, amikor eldöntöttem, hogy gazdag leszek. Mivel fogalmam sem volt, mit jelent a „gazdagság", ezért számszerűsítettem, hogy 100.000 dollárt és egy úszómedencét szeretnék. Évtizedekkel később, a Strategic Coach keretében, megtanultam, a célkitűzés menetét és azt, hogyan készítsek hároméves tervet. Ezek nagyon konkrétak voltak. Így amikor elhatároztam, hogy lefogyok, azt a célt tűztem ki magam elé, hogy 136 kilóról 108 kilóra fogyjak. Amikor eldöntöttem, hogy formába hozom magam, meg kellett határoznom, hogy mit jelent számomra a fittség, így azt mondtam, hogy akkor leszek a kívánt szinten, amikor meg tudok csinálni 100 fekvőtámaszt, 100 felülést és 100 burpee-t, és le tudok futni 10 km-t. Tehát a kérdés, amit fel kell tenned magadnak, az, hogy ki lesz Olivia három év múlva? Hogyan néz ki az élete? Mi a siker mércéje?

Egy percig megpróbáltam vizualizálni ezt az új Oliviát.

— Oké — mondtam — számos nyilvános beszédet tartok, arról, ami a szívemben és a fejemben van, és mindezt országos és nemzetközi szinten.

17 edzés

— Mit jelent a számos? Mert ez nem számszerűsíthető. Mondjuk harminc beszédet évente?
— Jujj!
— Igen! Merész célokat kell kitűzni, amelyek kimozdítanak a komfortzónából.
— Oké... szóval nagy színpadokon tartok előadásokat. Például TED előadásokat. Digitálisan vagy személyesen.
— Értem. Ebből kiindulva készítesz egy ütemtervet és a célokat lebontod megvalósítható lépésekre. Ó, és el kell mondanod az embereknek. Ragaszd ki a célokat a hűtőre. Mondd el mindenkinek, aki meghallgat. Ezek segítenek hűnek maradni a célodhoz, mert azt vagy eléred, vagy nem, nincs középút. És tudod mit? Ha harminc beszédet tűzöl ki célul egy évben, és csak húszat valósítasz meg, az még mindig rohadt jó.

Amikor hazaértem, elővettem a telefonomat, és készítettem egy gyors listát arról, hogy hol szeretném látni magam a következő egy-két évben: több ügyfél, és az edzéseken a mozgás pozitív hatásairól fogok beszélni.

Ahhoz, hogy ezeket a változásokat elérjem, úgy képzeltem, hogy a meglévő ügyfeleket is bevonom, valamint hálózatépítéssel újakat kell toboroznom. Nem akartam Garnet elé állni anélkül, hogy ne tudnék konkrétumokat felmutatni, ezért miközben egy csésze teával az étkezőasztalhoz ültem, a számokon gondolkodtam. Mi az, ami valódi változást, hozna, de ugyanakkor reális is, és nem égnék ki?

Átmásoltam a listámat a telefonomról a laptopra; így könnyebb gondolkodnom. Tucatnyi ügyfelem volt akkoriban, de gondoltam, hogy nem mindegyikük lesz benne. Megpróbáltam beazonosítani a legnyitottabb embereket, akikkel dolgoztam, és begépeltem a nevüket egy üres dokumentumba. Hét nő és három férfi neve került a listára. Ha sikerülne megértetnem velük, amit szeretnék, talán mindenikük hozna még valakit, és ez további 10 új ügyfelet jelentene. Tíz új szemléletű régi ügyfél és 10 új ügyfél a következő évben. Konkrét célok. Kikapcsoltam a laptopomat, és izgatottan vártam, hogy a következő találkozásunkkor megoszthassam a tervemet Garnettel.

Elmélkedés
Konkrét célkitűzések

A célok kulcsfontosságúak a növekedéshez és ahhoz, hogy túllépjünk a családunk korlátozó eszmerendszerén, de csak akkor működnek, ha konkrétak. Nem beszélhetünk általánosságban arról, hogy valamit meg akarunk tenni. Ehelyett kézzelfogható számokat vagy lépéseket kell hozzárendelnünk a céljainkhoz, hogy nyomon követhessük a fejlődésünket — és ahogy Jim Collins írja a *Jóból kiváló* című könyvében, nagy, szőrös, merész célokat kell kitűznünk.

Hogy világos legyen: olyan monumentális célokat kell kitűznünk, amelyek teljesen megváltoztatják az életünket, amelyeket szinte félünk leírni. Például egy olyan fizetés, amit szeretnénk megkapni, de elérhetetlennek tűnik — *nem az*. Ha egyszer leírjuk, merész céllá válik.

Ehhez visszafelé kell haladnunk:

1. Határozzuk meg a siker mércéjét: Hogyan fog kinézni az életünk, ha elértük a célunkat? Használhatjuk vizualizációs képességeinket, hogy lássuk és érezzük. Figyeljük meg azt is hogyan reagál a testünk, amikor elképzeljük magunkat az új életünkben.

2. Írd le: Konkrét célokat kell papírra vetni, számszerűsítve, pénzösszegek és dátumok segítségével. Ha egy könyv kiadásában vagy érdekelt, írd le, hány példányt fogsz eladni. Ha egy vállalkozást szeretnél elindítani, írd le, hány ügyfelet fogsz szerezni az első évben.

3. Dolgozz visszafelé: Írd le azokat a merész lépéseket, amelyeket meg kell tenned. Ezután helyezd őket egy idővonalra, és hozz létre egy rendszert, ami segít nyomon követni a haladást.

4. Mond el másoknak: Ha *másoknak* is beszélsz a terveidről, az két célt szolgál: valóságossá válnak számodra, és felelőségre vonhatóvá válsz. Nehezebb lesz halogatni a terveket, ha már egyszer bejelentetted őket.

Olivia Chadwick és Garnet Morris

Torontóban voltam munkaügyben, amikor felhívtak.

Napsütéses délután volt, és éppen egyik megbeszélésről siettem a másikra, amikor megcsörrent a telefon. A középső nővérem közölte a hírt: legkisebb testvérünk, 39 évesen, túladagolás miatt életét vesztette. Ráadásul a középső nővérem maga írta ki receptre a gyógyszert, ami a halálát okozta.

A telefonbeszélgetés közben egy általam ismert pénzügyi vállalat mellett haladtam el — egy kis fehér épület zöld szegéllyel —, amelynek színei örökre beégtek az emlékezetembe. Attól a pillanattól kezdve mindig a húgom öngyilkosságának hírével asszociáltam ezeket a színeket.

Megálltam a kocsimmal az émelyítően vidám épület előtt, és úgy éreztem, hogy felfordul a gyomrom, de nem volt időm utat adni az érzéseknek. Tudtam, hogy a teher nagyrészt rám fog hárulni, hogy segítsek a családomnak túlvészelni a helyzetet. Az agyam már ezen kattogott. Hogyan menjek haza? Mit kell tennem? Anélkül, hogy gondolkodtam volna, azt tettem, amit máskor: elnyomtam magamban a fájdalmat, amennyire csak lehetett, és nem hagytam felszínre törni.

Nem sokkal később visszatértem a szülővárosomba, hogy megpróbáljak lelket önteni a családomba, de ez nem ment olyan könnyen. Végül is ez volt a második temetés a családban rövid időn belül. Alig hat héttel korábban a nálam négy és fél évvel fiatalabb bátyám szintén öngyilkos lett.

A bátyám halála, bár szörnyű volt, nem lepett meg. Mindig is vad volt, 30 évesen, nősen és három gyerekkel még mindig eljárt bulizni. Az öngyilkossága előtt büntetéssel fenyegették, mert nem fizette a gyerektartást. Még így is ő volt az aranyszőrű bárány a családban. Próbáltam segíteni neki, amikor a dolgok hirtelen elkezdtek lefelé ívelni, de tudom, hogy semmit nem tudtam volna tenni, ami megakadályozta, hogy a dolgok így végződjenek. A nővérem halála viszont váratlanul ért.

17 futás

Életének korai szakaszában az iskola miatt voltak nehézségei, később pedig a stabil partner megtalálásában. Miután félbehagyta a középiskolát, végül visszament érettségizni, majd könyvelői diplomát szerzett. Túlélő volt, mindig legyőzte az útjában álló nehézségeket. Mindazonáltal fájdalmak gyötörték — gyomorfájdalom, amely szinte lehetetlenné tette számára az étel megemésztését, valamint erős menstruációs fájdalmak. Végül gyanítottam, hogy nem csak a fizikai fájdalom miatt vetett véget az életének. Azt hiszem, magát hibáztatta a bátyánk halála miatt.

Az egész kéthónapos időszak egy felfoghatatlan sokk volt, mint akit fejbe vertek. A szüleimmel igyekeztem tartani a kapcsolatot, bár ez mélységesen fájdalmas volt, mert semmi sem enyhíthette a gyötrelmüket. Anyám szerencsejátékfüggő lett, elvesztette az összes pénzüket, és egészen haláláig játszott. Apám még inkább a hite és a vallása felé fordult, de soha nem tudott talpra állni; erre nem volt megoldás. Mint sokan mások, apám is úgy élte le az életét, hogy azt hitte, sok mindent helyre tud hozni, de senki sem tudta soha még csak megfejteni sem, hogyan lehetne helyrehozni azt, amin ő most keresztülment.

17 edzés

A Montana's Cookhouse egy western témájú grill étterem volt, mindössze néhány háztömbnyire a kampusztól. A főiskola utolsó évében, és miután végeztem is, ott dolgoztam pultosként, és egy maroknyi jó barátra tettem szert. A Montana's Cookhouse-ban találkoztam azzal a férfival, aki később Keenan apja lett.

A kapcsolatunk egy hullámvasút volt, de ő kedves volt, és szinte azonnal befogadott az életébe és a családjába. Az első közös karácsonyunkon meghívott a szülei házába. Mivel annyira messze voltam a családomtól, olyan voltam, mint egy kivert kiskutya; bárkibe azonnal belekapaszkodtam, aki szeretetet tanúsított felém.

A kapcsolatunk annyira rázós volt, hogy azt hittem véget ér, amikor elvállaltam a tanácsadói állást Vancouverben. Viszont néhány hónap elteltével magányos voltam. Voltak új barátaim a munkahelyemen, de ez nem volt elég ahhoz, hogy ne mondjak igent, amikor megkérdezte, hogy hozzám költözhet-e. Mindig is el akart költözni Saskatoonból — ahonnan származott, és ahol a családja még mindig élt —, és az, hogy én Vancouverben éltem, megfelelő ürügy volt számára.

A dolgok nem fordultak jóra érkezése után. Másfél évig továbbra is hullámvasúton ültünk. Néha még külön is aludtunk. Egy nap viszont minden megváltozott.

Ősszel néhány hétig rosszul éreztem magam, de megfázásnak vagy allergiának tulajdonítottam. Mivel azonban nem javult az állapotom, és hirtelen reggelente hányingerem lett, elvégeztem egy terhességi tesztet.

Pozitív lett.

Az hogy megdöbbentem enyhe kifejezés. Az étkezési zavarom óta a menstruációs ciklusaim teljesen kiszámíthatatlanok voltak, és az igazság az, hogy tudat alatt azt hittem, eléggé tönkretettem a testemet ahhoz, hogy talán soha ne essek teherbe. Valószínűleg ez a gondolkodásmód vezetett oda, hogy kitegyem magam a terhesség kockázatának, mert nem

Olivia Chadwick és Garnet Morris

tudtam, hogy van mit kockáztatnom.

A párom azt akarta, hogy vetessük el, és én fontolóra vettem. De hálát adok az univerzumnak egy beszélgetésért, amit egy nap egy munkatársammal folytattam. Három fiú édesanyja volt, és együtt mentünk egy ügyfélhez. Ő ült a volán mögött, és amikor elmagyaráztam neki az előttem álló választási lehetőséget, felém fordult, és azt mondta: „Olivia, soha senki sem bánja meg a gyermekvállalást."

Persze tudom, hogy ez nem teljesen így van, de akkoriban ezt kellett hallanom. Feloldozott a szégyenérzet alól, amit a nem tervezett terhességem okozott, és a kudarc érzés alól, amit az váltott ki bennem, hogy az első munkahelyem nem volt jelentős előrelépés az életemben. Elmondtam a páromnak, és dicséretére legyen mondva, mellettem állt a döntésemben.

Együtt mentünk előre.

A bölcsődével járó költségek majdnem annyira sokkoltak, mint maga a terhesség.

Keenan születése után, szülési szabadságra mentem, amiről azt hittem, hogy csak néhány hónap lesz. Viszont minél többet kerestéltem, annál jobban elkedvetlenedtem és pánikba estem. A legtöbb bölcsőde másfél évesnél kisebb gyereket nem fogadott, és még azok is közel 1.500 dollárt kértek havonta. Ez az összeg nem állt rendelkezésünkre, ezért vonakodva törődtünk bele abba, hogy vissza kell költöznünk Saskatoonba, hogy közelebb legyünk az egyetlen családunkhoz — a párom szüleihez.

Hogy tisztázzuk, kedves és csodálatos emberek voltak. A párom édesanyja azonnal segítségünkre sietett, a párom pedig az első naptól kezdve nagyszerű apuka volt, aki annyi időt töltött Keenannal, amennyit csak tudott, és segített minden feladatban. Mindezek ellenére, nem támaszkodhatunk rájuk örökké. Vissza akartam - és vissza is kellett - mennem

17 edzés

dolgozni.

Az a lendület, amely Angliából Kanadába repített, átsegített a kanadai oktatási rendszeren, és egy jó álláshoz juttatott Vancouverben, nem szűnt meg. Soha nem akartam otthonülő anya lenni; extrovertált voltam, aki emberek között volt elemében. Megpályáztam néhány pozíciót és végül a helyi szabadidőközpontban kaptam munkát, mint programmenedzser. Remek állás volt, biztos fizetéssel, egészségbiztosítással és jó juttatásokkal, és ha nyugdíjas koromig maradok, nyugdíjat is kaptam volna. Ez egy olyan munka volt, amiért sokan ölni tudnának.

Az egyetlen probléma az volt, hogy én nem tartoztam ezek közé az emberek közé.

Ha eddig nem tudtam volna, hogy nem szeretem az irodai munkát, az ott töltött néhány hónap alatt volt időm rájönni. Utáltam a szigorú beosztást, a rutinos be- és kijelentkezést, és úgy éreztem, hogy itt semmi másra nem számíthatok csak időnkénti fizetésemelésre és ugyanarra a rutinos munkára nap mint nap.

Miközben próbáltam kitalálni, hogy mi legyen a következő lépés, bevállaltam egy mellékállást. Egy ápolónő ismerősöm nyitott egy kis személyi edzőtermet a közelben, és én elkezdtem ott ügyfeleket fogadni. A 2000-es évek közepén jártunk, amikor a személyi edzés kibontakozóban volt. A TLC olyan műsorokat sugárzott, mint a Biggest Loser *(amiről ma már tudjuk, hogy rendkívül problematikus)*, és hirtelen mindenki, akinek meg volt az anyagi háttere, el kezdett érdeklődni a személyre szabott edzések iránt. Tudtam, hogyan kell felépíteni egy edzést mert megtanultam a diplomámhoz szükséges program keretében, és sportolói múlttal is rendelkeztem, így a személyi edzés kapcsolati része természetes volt számomra. Őszintén kíváncsi voltam az emberekre, és mivel tudtam, hogy a testmozgás mennyire segített abban, hogy a lehető legjobban érezzem magam, őszintén szerettem volna segíteni másoknak is, hogy ezt ők is átélhessék.

Egyik ügyfél hozta a másikat, és egyszer csak azon vettem észre magam, hogy egy egész *baráti társaságot vagy családot edzek. Elkezdett kirajzolódni a szakmai életpályám. Amikor már elegendő ügyfelem lett, megnyitottam a saját stúdiómat. Felszereltem egy kisebb edzőtermet, és az ügyfelekkel a szabadban és a lakóházaik edzőtermében dolgoztam.*

Mivel a személyi edzés költséges volt, a legtöbb ügyfelem jómódú volt, és további jómódú ügyfeleket hoztak. Főként vezérigazgatókra specializálódtam, akiknek különleges igényeik voltak az időbeosztásuk, utazási terveik, és napi programjuk függvényében.

Karrierem csúcsán voltam, amikor egy barátom felhívott egy Garnet nevű férfival kapcsolatban, akivel együtt dolgozott. Elmondta, hogy nagyszerű ügyfél és kedves ember, de nem tud mit kezdeni azzal, hogy folyton átütemezi az edzéseket.

Mivel engem nem zavart, ha át kell üteznem a programom, átvállaltam tőle.

7. Diszkomfort: Ha nem lépsz ki a komfortzónádból, nincs fejlődés

„Bárhogyan is fejezzük ki, a remény mögött meghúzódó érzelmi energia a »Minden rendben lesz.«"

-Charles Eisenstein

Nap: 2012. április 18.
Óra: hajnali 5 óra
Edzés: 81

Az edmontoni Stollery Gyermekkórház várótermét színes asztalok, székek, és játékok díszítették, amelyeket naponta több száz gyerek használt. Egy folyóiratot próbáltam lapozgatni, amelyet egy figyelmes lélek helyezett el egy kisasztalon, de akkor se tudtam volna arra összpontosítani, ha arról írnak, hogy földönkívüliek landoltak a kertemben. A folyosó végén épp Keenan pacemakerét ültették be. Az orvosok arról is döntést hoznak, hogy elvégezhetik-e rajta azt a beavatkozást, amely visszafordítaná a veleszületett szívelégtelenséget.

Ezt volt a legjobb kórház egész Nyugat-Kanadában. A sebészek neves szakemberek voltak, akik rutinszerűen végezték ezeket a bonyolult beavatkozásokat. Öt órát autóztunk, és át kellett szerveznem az életemet, hogy eljöhessünk. Felhívtam az összes ügyfelemet, és átütemeztem őket, a pilates óráimat pedig két hétre lemondtam. Egyedül voltam a gondolataimmal, és ez nem volt kellemes.

Ekkor egy orvos jelent meg az ajtóban.

— Ön az anyuka? — kérdezte.

— Igen.

— Készen vagyunk, és útban van a lábadozó felé. Ügyes volt. Szeretném megosztani a műtét eredményét, ha készen áll rá.

Erőt vettem magamon. — Rendben — mondtam, miközben megragadtam a szék oldalát. — Kérem, ossza meg velem az eredményeket.

— Sajnálattal kell közölnöm, hogy nem hajthatjuk végre a helyreállító beavatkozást. Aortabillentyű-elégtelenségben szenved, és túl kockázatos lenne.

— Valaha esélyes lesz rá? Ez olyasmi, amit ki lehet nőni?

— Nem. Nagyon sajnálom.

A szívem darabokra tört. Amennyire csak tudtam, megpróbáltam, nem fűzni túl nagy reményeket hozzá, de lehetetlennek bizonyult, hogy teljesen elfojtsam azt a vágyamat, hogy Keenan rendellenességét kiküszöböljék, hogy úgy élhesse a gyermekkorát, mint más gyerek. Alig bírtam visszafolytani a zokogást.

— Rendben. Köszönöm. Ettől függetlenül nagyon hálás vagyok önnek.

Elmosolyodott. — Szeretne bemenni hozzá?

— Igen.

Keenan előtt próbáltam bátornak tűnni, és azt sugallni, hogy minden rendben van, és aggódalomra semmi ok. Az igazság az, hogy valójában nem is volt olyan nehéz. Nem tudom, hogy az elmém próbált megvédeni a jövőbeli félelmektől, vagy az anyamedve energia próbálta elhitetni velem,

17 edzés

hogy bármitől meg tudom védeni Keenant, de abban a pillanatban egyszerűen csak hálás voltam, hogy a belátható jövőben Keenan még mindig önmaga lehet: egy kedves és szeretetre méltó gyerek, és egy nem várt áldás az életemben.

Két héttel később újra Saskatoonban voltunk. A műtét megviselte Keenant. Gyermekeknél a pacemaker beültetése a mellkas eltörésével jár, így Keenan lassan gyógyult. Ennek ellenére nem adtam fel a reményt. Nem vártam el, hogy Keenan profi sportoló legyen, vagy, hogy annyira érdekelje a fitnesz, mint engem, de megőrjített a gondolat, hogy nem fog tudni a többi gyerekkel játszani. A kisgyerekek a fizikai aktivitáson keresztül szocializálódnak, és ő már eddig is kimaradt az olyan tevékenységekből, mint a focimeccs vagy a játszótéri versenyek. Aggódtam az egészsége miatt. Tudtam, hogy a fizikai aktivitást akadályozó szívbetegségben szenvedő emberek közül sokan érthető módon félnek bármilyen kihívást jelentő mozgástól — és ezek a félelmek viszont olyan másodlagos betegségekhez vezethetnek, mint a cukorbetegség vagy az elhízás. Kétségbeesetten reméltem, hogy a pacemaker lehetővé teszi majd számára, hogy több tevékenységben vegyen részt, új barátokra tegyen szert, és felnőttkorában is egészséges maradjon.

Nem tudtam, hogyan fogom megoldani az időbeosztásomat a továbbiakban. Még mindig napi 10-11 órát dolgoztam, és nem engedhettem meg magamnak, hogy csökkentsem a munkaidőmet, de Keenan számára elérhetőnek kellett lennem a felépülése alatt. Még a Garnettel való munka is, bármennyire is élveztem az együtt töltött időt, alig fért bele a programba. Mivel én voltam a fő kenyérkereső, meg kellett találnom a módját, hogy több pénzt keressek, kevesebbet dolgozzak, vagy ideális esetben mindkettőt. Ez újra előtérbe hozta a vállalkozásom megújításának ötletét

— amit az utóbbi időben elhanyagoltam. Amióta összeírtam a céljaimat, megpróbáltam néhány meglévő ügyfelemnek előadni az ötletemet. Azt hittem, könnyen eladható lesz. Már eleve jó kapcsolatot ápoltunk, és az igazság az, hogy amit szerettem volna megvalósítani — hogy a mentális egészségüket tudatosabban beépítsük az edzéseinkbe —, azt már igazából csináltuk. Ahogy idővel megismertem az ügyfeleimet, elkerülhetetlenül terapeutává váltam. Gyakran osztották meg velem a problémáikat az edzések alatt. A tudományos magyarázat erre a jelenségre az, hogy körülbelül 20 perc edzés után a testünk és az elménk ellazul és a védekezési mechanizmusunk alábbhagy. Akár tudatában voltak az ügyfeleim, akár nem, ez tette különlegessé az edzéseinket, és a velem töltött időt termékennyé. Ritkán hívtam fel rá a figyelmüket, de ha megtettem, biztos voltam benne, hogy hajlandóak lesznek ebbe tudatosan is belemenni.

Tévedtem. Az ügyfelek, akikkel erről beszéltem nagyon jó ötletnek találták — csak nem az ő esetükben. Egy-kettő még azt is letagadta, hogy megosztotta velem a problémáit, mintha kitörölték volna az emlékezetéből, hogy mennyire sebezhetővé vált a jelenlétemben.

Tudtam, hogy kihez kell fordulnom.

A következő edzés Garnettel egy csodás napsütéses napra esett. A saskatchewani tél legfagyosabb időszaka elköszönőben volt, és nem vesztegettem az időt, egyből a lényegre tértem. A nap szikrázott a havon és leheletünk halvány felhőként szállt fel a hűvös levegőben miközben hangot adtam a frusztrációmnak. Elmondtam Garnetnek, hogy milyen akadályokba ütköztem, hogy nem tudom, mit tegyek, hogy drasztikus változásra van

17 edzés

szükség, és hogy valahogy ez lesz az az út, amely lehetővé teszi, hogy ott legyek a fiam mellett.
Garnet, aki mindig is empatikus volt, türelmesen hallgatott.
— Szóval —mondtam szipogva —, szerinted mit kellene tennem?
Garnet egy pillanatig hallgatott, miközben szavaim a levegőben függtek. Tudtam, hogy sokat kérek. Valószínűleg nevetséges voltam. Már kezdett uralmat venni rajtam a sebezhetőség okozta rossz közérzet, amikor Garnet félbeszakította a gondolataimat.
— Mindig újra és újra elámulok, hogy milyen csodálatos anya vagy — mondta.
Nem erre számítottam.
— Ezt hogy érted? — kérdeztem.
— Az egész életedet felforgattad, hogy elvidd Keenant abba a kórházba. Most pedig ahelyett, hogy depresszióba süllyednél a nagy erőfeszítések miatt, máris azon gondolkodsz, hogyan változtasd meg újra az életed.
— Hát persze. Mi mást tehetnék?
— Tudom. Csak nekem nem ilyen anyám volt.
Elhallgattam. Tudtam, hogy ez igaz, és ez annyira elszomorított. Mintha olvasott volna a gondolataimban, azt mondta:
— Nem kell szomorkodnod miattam. Ezt csak úgy megjegyeztem. Nos... mit kellene tenned? Semmi olyat, amit eddig nem tettél.
— Nem igazán értem, hogy mire gondolsz.
— Tudom milyen nehezedre esett felhívni az ügyfeleidet, hogy átütemezd az időpontokat. Utálsz csalódást okozni az embereknek; ez ellentétben áll mindennel, amiben hiszel. Viszont volt valami fontosabb dolgod, amit meg kellett oldanod, ezért a diszkomfort ellenére mégis felhívtad őket. Ezt kell tenned a vállalkozásod esetében is.
— Mondjam le a meglévő ügyfeleimet? Még a gondolattól is rosszul lettem.
— Nem. Lépj ki a komfortzónádból. A célok, amiket kitűztél nem elég

merészek. Nem érhetsz el sikereket diszkomfort nélkül. Ez az a hely, ahol a növekedés történik.

Ez egy számomra új szemlélet volt. Mindig is azt hittem, hogy egy magasabb szintre lépés jó érzéseket tartogat; talán van egy-két bukkanó, de összességében az utazás örömteli lesz.

Ezt megosztottam Garnettel, és azt hiszem, elfojtott egy nevetést.

— Én nem ezt tapasztaltam. Épp ellenkezőleg. Amikor arra törekszem, hogy valami újat valósítsak meg, minden nap émelygéssel ébredek, amit a diszkomfort okoz. Mindenhova elkísér. De a nagyszerű tanácsadóm, aki buddhista szemszögből közelítette meg a dolgokat, azt mondta nekem, hogy amikor így érzed magad, azt kell mondanod magadnak: „Ó, megint ez a kellemetlen érzés. Milyen csodálatos, mert ez az a diszkomfort, ami általában a siker előtt jár." Tehát felismered, és magadévá teszed, mert ha nem érzed magad kényelmetlenül, akkor nem mozdulsz ki a kis buborékodból. Szóval nagyobb célokat kell kitűznöd, olyan nagyokat, hogy szinte rájuk se bírj nézni.

Egy pillanatig csendben kocogtam. Valami nem stimmelt bennem, mintha egy nagy követ félretoltak volna, és felszínre került az alatta levő sebezhető talaj. Vissza szerettem volna tenni a követ, de tudtam, hogy Garnetnek igaza van. Nem erőltettem meg magam eléggé; a komfortzónámban maradtam a meglévő ügyfeleimmel, majd egyetlen kísérlet után megpróbáltam feladni. Ez eszembe jutatott valamit a fizikai erőfeszítéssel kapcsolatosan.

— Tudod, Garnet, itt van egy nagyszerű párhuzam a sportpszichológiában — mondtam. — Rengeteg jó bizonyíték van arra, hogy ha az emberek edzés közben diszkomfort zónába kerülnek, ez reziliens egyénekké formálja őket.

— Tetszik ez az elnevezés — diszkomfort zóna — mondta. Szabadon

17 edzés

kell *választanunk*, hogy átmegyünk rajta, és hinnünk kell abban, hogy végül átérünk a túloldalra. Először a diszkomfort, utána az eredmény.

— Ez azt jelenti, hogy meg kell tanítanunk az elménket arra, hogy a diszkomfortot pozitív élményként fogja fel, nem pedig kudarcként vagy önbizalomhiányként — mondtam.

— Igen. Ahelyett, hogy azt mondanád valamire, hogy kudarcot vallottál, mondd azt, hogy még nem sikerült.

— Amikor ilyen erőfeszítéseket teszel, hogyan nyilvánul meg a diszkomfort fizikailag?

— Nos, ahogy már mondtam, gyakran émelygek. Néha össze-vissza száguldanak a gondolataim, vagy izzad a tenyerem.

— Azt hiszem, az is fontos, hogy tudd, mitől kerülsz a diszkomfort zónába, egy korlátozó meggyőződés miatt, vagy azért, mert a tested figyelmeztetni próbál.

— Ez igaz. Én nem mindig voltam jó abban, hogy a figyelmeztető jelekre hallgassak.

— Ha szülőként gondolkodom, azt akarom, hogy a gyerekeim ismerjék ezt a különbséget. Ha valamit veszélyesnek érzek, akkor azt a helyzetet nem szabad erőltetni. A produktív kényelmetlenség az, amit akkor érzel, amikor amiatt izgulsz, hogy sikerül-e megvalósítanod azt, amiben hiszel.

— Nos, mint mondtam, nagyszerű anya vagy. És a jó hír az, hogy a gyakorlat idővel egyre könnyebben megy. Lassan megtanulod, hogyan kell elviselni a kellemetlenségeket, és hogyan emlékeztesd magad arra, hogy ez egy szükséges lépés a növekedéshez.

Másnap volt egy szabad órám, amikor a párom elvitte a fiamat a játszótérre. Úgy döntöttem, hogy kihasználom. Anélkül, hogy ránéztem volna a listára, amit az előző héten készítettem — ami nyilvánvalóan nem volt elég konkrét

— felkaptam egy papírfecnit, ami a konyhapulton hevert, és mielőtt a belső kritikus hang megszólalt volna, olyan gyorsan firkáltam le a célokat, amilyen gyorsan csak tudtam:

CÉLOK - hároméves terv
Évente 30 előadás
Két TED előadás
100 új ügyfél
100.000 digitális feliratkozó vagy követő
250.000 dollár évente

Letettem a tollamat, és szembenéztem azzal, amit írtam. Azt sem tudom, honnan jött. Kinek képzeltem magam, hogy évi negyedmillió dollárt akarok keresni? És miért érdekelne százezer embert a mondanivalóm? Legnagyobb megdöbbenésemre szédülni kezdtem, és a gyomrom felfordult. Elképzeltem magam, amint kilépek a színpadra a TED konferencián, és... mi van, ha senki nem ül a székekben? Mi van, ha kiröhögnek? Mi van, ha... elhányom magam? Émelyegtem, ahogy a listára néztem.

Ó.

Ez pontosan az az érzés volt, amiről Garnet beszélt. Merész — annyira merész, hogy majdnem rosszul lettem tőle. Össze akartam gyűrni a listát, kidobni a szemétbe, és folytatni a szokásos tevékenységemet.

Ehelyett, miközben a pulzusom az egekben volt, kitéptem a jegyzetfüzetemből, és a hűtőre ragasztottam.

Másnap reggel Keenan, meglepetésemre, egyedül jött a konyhába reggelizni. Amikor betoppant, hogy megöleljen, a listára mutatott.

— Anyu, mi ez? — kérdezte.

Vajon vállaljak felelősséget a gyermekem előtt? Nem ártana.

— Ezek a céljaim a következő három évre — válaszoltam.

17 edzés

— Ezeket szeretném elérni, hogy jobb legyen az életünk és a munkám.

Keenan tágra nyílt szemekkel nézett rám. — Meg tudod csinálni, anyu! — mondta.

Nem tudtam megállni, hogy ne mosolyogjak. Talán a kisfiamnak igaza van.

Elmélkedés

Hogyan váljon komfortossá
a diszkomfort zóna

A változás mindannyiunk számára nehéz. A testünk lázad ellene, és az elménk azt mondja, hogy ne lépjünk. Ennek ellenére nem szabad elfelejtenünk, hogy a diszkomfort a növekedés természetes, szükséges és elkerülhetetlen velejárója.

Arról már beszéltünk, hogy fontos lejegyezni a céljainkat, és ezt a gyakorlatot itt is alkalmaznunk kell. Újra megismétlem, a kitűzött célok legyenek nagyok, szőrösek és merészek. Mindeközben, megengedhetjük a testünknek, hogy úgy lázadjon, ahogyan akar. Ez a diszkomfort, és erre számítani kell — hogyan birkózzunk meg vele? Íme néhány lépés, amit megtehetünk:

1. Készülj fel. Az aprólékos felkészüléssel elkerülheted azt, hogy ösztönösen cselekedj, ami súlyosbíthatja a szorongást, és megakadályozhatja, hogy megtedd a szükséges lépéseket.

2. Állandó cselekvés. Ha valóban összpontosítasz egy célra, nem telhet el egy nap sem anélkül, hogy ne tegyél egy lépést annak érdekében, hogy megvalósítsd a kitűzött célt.

3. Hagyd figyelmen kívül a nemtetszést hangoztatókat. Az emberek kételkedni fognak a képességeidben, akár hangot adnak ennek, akár nem. És néha ezek az emberek pont a barátaid vagy a családtagjaid. Ez fájdalmas, de meg kell értened, hogy ők ezt félelemből vagy szeretetből teszik. Állhatatosnak kell maradnod.

4. Fogadd el a hibákat. Senki sem jár sikerrel anélkül, hogy ne követne el hibákat — sok hibát. Nem az a cél, hogy teljesen elkerüld a hibákat, hanem az, hogy tanulj belőlük, és a tanultakat felhasználva csiszold a módszereidet, mielőtt újra cselekednél. Le kell szűkítened az önsajnálatban töltött időt. Ne feledd: a hibáid nem kudarcok. Csak még nem teljes sikerek.

Olivia Chadwick és Garnet Morris

Amit a legjobban élvezek a munkámban az, hogy teljességgel láthatom, megismerhetem és meghallgathatom az ügyfeleimet. Az egymással megosztott sebezhetőség, a történetek, a törekvések és az érzelmek, kölcsönösen kifizetődőek, és olyan életet átformáló élmények születnek, amelyek segítségével az ügyfél rájön, hogy olyan dolgokat képes megvalósítani fizikailag — és ezáltal mentálisan is —, amiről nem is gondolt volna, hogy képes megtenni.

Az egyik módja annak, hogy megértettem az ügyfeleket az edzéseken, az volt, hogy meghallgattam a családjukról szóló történeteiket. Amikor valaki megkérdezte tőlem, hogy van-e testvérem, azt mondtam: „Volt egy testvérem, Cassienek hívták, de ő már régen meghalt." Az emberek általában nem tudták, mit mondjanak, de a diszkomfortjuk ellenére szinte mindig azt kérdezték, hogyan halt meg.

Mindig őszintén válaszoltam nekik: „Cassie öngyilkos lett." Ilyenkor az emberek meghátráltak. Zavarba jöttek, amiért feltették a kérdést, és aggódtak, hogy ezzel esetleg fájdalmat okoztak nekem — az emberi mivoltunk megint problémákat okoz nekünk. Mindazonáltal, számomra nem okozott gondot, és mai napig így vagyok ezzel. Nem találom megbélyegzőnek, és nem jár nagy szomorúsággal, ha véletlenszerűen beszélni kell róla.

Miután egy ideig együtt dolgoztunk, Garnet és én rájöttünk, hogy ez a fajta tragédia mindkettőnk életében jelen volt. Nem emlékszem a részletekre, de valószínűleg annak következményeként osztotta meg velem, hogy a családjáról kérdeztem. Sok ember számára, akiket veszteség ért, ez pillanatnyi együttérzést váltott volna ki, vagy egy rövid ideig tartó kínos beszélgetést, de a mi esetünkben egyfajta családias érzést teremtett. Hirtelen mindketten ugyanazt éreztük: ismerlek, látlak és hallak.

Felismertük egymásban a kölcsönös rugalmasságot, valamint a mások szenvedése iránti együttérzést. A bizalom abból fakadt, hogy felfedtük érzelmi énünk legsebezhetőbb részeit. Mindkettőnkben ez a bizalom teremtette meg az igazi összetartozás érzését.

17 edzés

Tekintettel arra, hogy milyen tevékenységet végeztünk együtt — hajnali 5 órakor futottunk a fagyos hidegben, miközben a legtöbb épeszű ember még mindig ágyban volt —, felismertük egymásban a kitartó erőt. Elhatároztuk, hogy olyan emberek leszünk, akik nem adják meg magukat a nehézségeknek, amelyekkel szembesülnek, hanem a változás katalizátorai lesznek.

A második gyermekemmel voltam terhes, amikor egy online viselkedéspszichológiai kurzuson találkoztam az önegyüttérzés fogalmával. A fogalom lényegében azt takarja, hogy megbocsátasz magadnak azokért a dolgokért, amelyekről úgy érzed, hogy nem voltak helyénvalók, és megérted, hogy amikor padlóra kerülsz, ahelyett, hogy magadat ostoroznád, inkább megértő vagy magaddal szemben. Ez olyasvalami volt, amivel nagyon küzdöttem, és ezért, mint mindig, amikor egy új gondolat lázba hozott, szerettem volna mindent megtudni róla. Megvettem Kristen Neff könyveit, aki a témakör kiemelkedő szakértője, és mindent elolvastam, ami a témához kapcsolódott.

Hat hónapos terhes voltam, amikor valami baj történt. Talán soha nem fogom megtudni, hogy miért, de elkezdtem vérezni, és bevittek a kórházba. Két óra múlva elvetéltem.

Mivel már a terhesség második trimeszterében voltam, már vásároltam babaruhákat és szabadságot vettem ki. Már két gyerekes anyaként láttam magam. A szívem darabokra tört, és belesüppedtem a mélységes fájdalom világába.

Ezekután, nem tudtam ugyanott folytatni a munkámat és az életemet, ahol abbahagytam. Új irányba kellett elindulnom, valami olyasmire volt szükségem, ami eltereli a gondolataimat. Végül úgy döntöttem, hogy visszamegyek tanulni, és mesteri diplomát szerzek.

Olivia Chadwick és Garnet Morris

Felkerestem egyik volt tanáromat, aki az egyetemi ösztöndíjas program keretében tanított. Megkérdeztem, hogy lenne-e a vezetőtanárom, és ő igent mondott. Aztán hozzátette: „A fő kutatási területem az önegyüttérzés. Hallottál már róla?"

Az Oliviával folytatott beszélgetéseim során feljött egy olyan történet, amelyet szeretek megosztani, akkor amikor arról beszélek, hogy mi kell ahhoz, hogy megváltozzunk: Egy férfi túrázás közben kutyavonyításra lesz figyelmes. Elindul a hang irányába és egy tisztásra ér. A kutya egy ház teraszán fekszik, ahol egy öregember ül egy hintaszékben.

A túrázó odamegy az öregemberhez, és azt mondja: — A kutyája vonyít. Már a távolból hallottam. Nyilvánvalóan fájdalmai vannak.

Erre az öreg azt mondja: — Igen.

A túrázó megkérdezi: — Mi a baja?

— Egy szögön fekszik — válaszolja az öregember.

— És miért nem kell fel? - kérdezi a túrázó.

— Hát — válaszolta az öregember —, valószínű még nem fáj neki eléggé.

Olivia Chadwick és Garnet Morris

8. Rugalmasság:
Felállni a kudarcok után

„Ha sosem szerettem volna, sosem sírtam volna
Én egy szikla vagyok, egy sziget vagyok..."

- "I Am a Rock," Simon and Garfunkel

Nap: 2012. május 23.
Óra: hajnali 5 óra
Edzés: 89

Hajnali négykor szólt az ébresztőm, és szokás szerint felkeltem, csendben felöltöztem, és lementem kávét főzni. Ma reggel viszont, mint amúgy az elmúlt hónapban minden reggel, előbb ránéztem Keenanre. A műtét utáni felépülése lassan, de biztosan haladt. Még így is — és annak ellenére, hogy a komoly beavatkozás, amin átment jobban próbára tette a nyugalmamat és az idegrendszeremet, mint azt valaha is megengedtem magamnak —, igen optimista voltam azzal kapcsolatban, hogy szabadabban fog tudni mozogni. Már így is — zúzódásokkal és gyógyulófélben levő csontokkal — tesztelgette, hogy mire képes.

Amúgy nem sok időm volt ezen elmélkedni mert az élet ment tovább. Miután megigazítottam a takaróját, és láttam, hogy mélyen alszik, elindultam Garnethez. Egy olyan edzéssel készültem, ami maximális teljesítményre sarkallja, amire én is törekedtem mostanában.

Amióta beszéltünk a diszkomfort zónáról, kihívás elé állítottam magamat, hogy mindent megtegyek a céljaim elérése érdekében. Ez azt jelentette, hogy minden nap apró lépéseket teszek a céljaim elérése érdekében, és ezt meg is tettem. Először is, egyetlen mondatra szűkítettem a mondanivalómat: *Én vagyok a legjobb elérhető forrás azon nők számára, akik túl akarnak lépni a korlátozó belső és külső meggyőződéseiken, irányított workshopok keretében, amelyek hatástalanítják a külső hangokat és elősegítik az önfelfedezést.*

Ezután felkerestem az összes meglévő ügyfelemet, és ajánlásokat kértem. Elkezdtem olyan előadásokat írni, amelyeket kis csoportoknak tarthattam, hogy aztán nagyobb színpadokon, nagyobb előadásokat tarthassak.

Viszont, ahelyett, hogy ez a következő szintre léptem volna, az emberek nem voltak érdekeltek. Az új stratégiám része volta, hogy nyíltan beszéltem az ügyfeleknek arról, ami a személyi edzéseken gyakran szervesen történik: az ügyfelek terapeutaként használnak engem. Ezt a legjobb értelemben értem; szeretek beszélgetni az emberekkel és segíteni nekik az akadályok elhárításában, valamint a személyes fejlődés útjába álló pszichológiai problémák leküzdésében. Azt reméltem, hogy munkánknak ezt a részét — a ki nem mondott részét — tudatosan beépíthetjük az együtt töltött időbe.

Úgy véltem, hogy ez a fitnesz megújulását jelentené azáltal, hogy nyíltan elismerjük az elme és test közötti kapcsolatot, és azt, hogy a fizikai és a mentális egészség nem elválasztható.

Amikor az ügyfeleimnek felvetettem ezt az ötletet, a legtöbben azt mondták, hogy inkább különválasztják a mentális és a fizikai egészségüket, annak ellenére, hogy ezek már elválaszthatatlanul összefonódtak. Ez teljesen ledöbbentett.

Hirtelen rájöttem, hogy olyan gyakran és olyan régóta gondolkodtam ezen a dolgon, hogy az emberek nem is igen értették, amit mondok, nemhogy érdekeltek lettek volna ebben az új módszerben. Ahogy egyik ügyféllel a másik után beszéltem, hogy ezt megerősítsem, rájöttem, hogy számukra ez nem volt annyira egyértelmű mint számomra.

A visszajelzéseknek kettős hatása volt rám. Az egyik az volt, hogy elgondolkodtam azon, hogy vajon nem áltattam-e magam azzal, hogy egyáltalán tudok valami újat és értékeset nyújtani. A másik pedig az, hogy rájöttem, hogy ha továbbra is hiszek abban, amit az ügyfeleimnek kínálni akarok — és ez így is volt —, akkor vagy fel kell világosítanom őket, vagy világosabban kell megfogalmaznom a mondanivalómat.

Annyira beleéltem magam ebbe a gondolatmenetbe, hogy azt terveztem, azonnal belevágok, amint Garnet és én belerázódunk a futásba. Viszont amikor megláttam őt az ajtóban, éreztem, hogy valami nem stimmel. Kimért volt, és csak egyszavas válaszokat adott bármit kérdeztem.

— Garnet —, szólaltam meg végül 15 perc néma kocogás után — valami nyomja a lelked?

— A hétvégén elvesztettem egy fontos ügyfelet, és ez csak az én hibám — mondta.

Megdöbbentem. Olyan sokat beszélgettünk az én vállalkozásomról, hogy már meg is feledkeztem arról, hogy neki is van sajátja. Akkor jöttem rá, hogy mivel ő már annyira sikeres volt, én azt hittem, hogy ő már nem követ

el hibát — legalábbis nem nagyot.
— Annyira sajnálom — mondtam. — Ez tényleg... szívás. Bárcsak valami fennköltebbet mondtam volna, de ez jött ki a számon.
Meglepetésemre Garnet felnevetett. — Ez valóban az — mondta. — Igazad van.
— Akarsz róla beszélni?
— Részletesen nem, de annyit elárulok, hogy egy nagyon fontos ügyfélről van szó, aki milliókat hozott volna a cégnek.
— És mi történt?
— Keménykedtem és elbuktam. Általában nagyon együttműködő vagyok, amikor egy leendő ügyféllel találkozom, de ezúttal túlságosan magabiztos és hajthatatlan voltam a tárgyalások során, és ez nem jött be.
— Jaj, ne! Ez biztos szörnyű érzés lehet.
— Az. De nem ez az első eset, és nem is az utolsó.
— Mit fogsz tenni?
— Felállok és megyek tovább.
Nevetnem kellett. — Garnet, azt hiszem, épp most válaszoltam meg a saját kérdésemet.
— Igazán? Hogyhogy?
— Azt akartam neked elmondani, hogy kezdtem úgy érezni, hogy kudarcot vallottam. Próbáltam a meglévő ügyfeleimnek előadni az új elképzelésemet, de senki nem volt rá vevő, és nem tudtam, mi legyen.
— Ó! Nos, akkor igen, azt hiszem, valóban választ kaptál a kérdésedre. A kudarc a próbálkozás folyamatának része. Ha még nem buktál el, akkor valószínűleg nem adtál bele mindent. Mindig arra kell törekedned, hogy a legjobbat hozd ki magadból, nem az ötödik legjobbat. De megkérdezem, mert te vagy a profi — *te* mit javasolsz, mit tegyek?
Nem voltam hozzászokva ahhoz, hogy engem kérdezzenek, de azonnal eszembe jutott valami.

Olivia Chadwick és Garnet Morris

— Nos, ez az önegyüttérzés témájában végzett kutatómunkámra emlékeztet és ilyenkor azt szoktuk javasolni az embereknek, hogy forduljanak befelé, és legyenek kedvesek önmagukhoz. A kutatások szerint a leggyakoribb dolog, amit az emberek mondanak maguknak, és amitől valójában jobban érzik magukat, az az, hogy „Jól vagyok, minden rendben lesz." Ez egyszerű, de univerzálisan megnyugtató.

— Hát nem tudom, Olivia, mert ha azt mondom, hogy jól vagyok, az lehet, hogy igaz, de attól még cserben hagytam a csapatom. Azt kell mondanom, hogy jól vagyok, aztán meg kell vizsgálnom, hogy miért tettem azt, amit tettem, meg kell értenem, és felelősséget kell vállalnom az alkalmazottaimmal és a partnereimmel szemben. Miért nem sikerült? Mi az, amivel nem vagyok hajlandó szembenézni? Szembe kell néznem a valósággal. Ez visszautal arra, amiről hónapokkal ezelőtt beszéltünk, hogy tegyük azt, amit mondunk, és éljünk az alapértékeinkkel összhangban.

— Nos, igen, de kell az a pillanat, amikor valóban úgy érzed, hogy jól vagy. Különben csak ostorozod magad. Buddha ezt nevezi a második nyílvesszőnek. Egy nyílvessző már eltalált, amikor kudarcot vallottál, de ha utána nagyon keményen bánsz magaddal, az olyan, mintha újra meglőnéd magad, és ugyanolyan fájdalmat okozol magadnak, mint amilyet az első nyílvessző okozott.

— Szóval, hogyan kerülheted el ezt?

— Teljes mértékben elfogadod az első nyílvessző okozta fájdalmat, kedvesen szólsz önmagadhoz, majd továbblépsz.

— Fogalmazzunk másként. Meg kell értenünk, hogy mi az, ami még nem történt meg, vagy mi az, ami még hátravan. Tehát mi az, amit még megtehetek? Ez az, amin állandóan gondolkodom. A te esetedben, úgy tűnik, hogy folytatnod kell az ügyfeleid felvilágosítását.

— És mi motivál arra, hogy felállj a földről?

— Nos, az egyik dolog, amit teszek, hogy emlékeztetem magam arra, hogy még annyi mindent kell tennem. Annyi ember van még, akin még

segíthetek. Ha most feladnám, cserbenhagynám őket.
— És mi az, amit még teszel?
— Megélem a fájdalmat. Vagyis, ha van egy problémám, ha valamit rosszul csináltam vagy hibáztam — ami egyébként mindenkivel megesik —, akkor hagyom, hogy átjárjon a fájdalom. Nem színlelem, nem folytom vissza, és nem nyomom el az érzést drogokkal, alkohollal, vásárlással, evéssel, vagy bármi mással. Hagyom, hogy fájjon az az első nyílvessző.
— Igen, igen. Mert ha nem hagyod, hogy átjárjon a fájdalom, szinte felmentheted magad a probléma megoldása alól. Aztán eltelik az idő, és sosem foglalkozol vele. Ahhoz, hogy legyen energiád foglalkozni vele, valóban hagynod kell, hogy megtapasztald, milyen szörnyű.
— És ez nem könnyű.
— Nem, nem az. És ha tényleg próbára akarod tenni magad, akkor dönthetsz úgy, hogy nem fogod sajnálni magad.
— Ez nagy kérés!
— Nos, az önsajnálat könnyen ürügyet ad arra, hogy ne próbálkozz újra. Gondolj csak arra, amit mindketten legyőztünk már, Olivia. Családi öngyilkosságok. Szexuális zaklatás. Felálltunk a földről ezek után is. Nem volt könnyű, de megcsináltuk. Ha erre képesek vagyunk, akkor bármire képesek vagyunk. Emlékezned kell arra, amit már legyőztél.

Egy pillanatra elhallgattam, hagytam, hogy ez leülepedjen bennem, majd azon kaptam magam, hogy Keenanra gondolok. Itt volt ez a kisgyerek, aki már annyi mindent legyőzött. Azt akartam, hogy visszatekintsen erre az időre, még ha nem is emlékszik rá tökéletesen, és tudja meg, hogy milyen erős volt, mit volt képes túlélni — és hogyan boldogult tovább. Ahhoz, hogy ő képes legyen erre, nekem kellett példát mutatnom.

— Az önegyüttérzés elméletében ennek sok köze van ahhoz, hogy elhidd magadról, hogy értékes, alkalmas és szeretetre méltó vagy, beleértve azokat a tulajdonságaidat is, amelyeket te hibának vagy hiányosságnak tekintesz — mondtam. — Ha ezt elhiszem magamról, akkor nyugodtan kitehetem magam egy hibának, mert az nem változtat az értékemen.

— A kudarc nem személyes dolog — mondta Garnet. — Ez része a növekedésnek.

Elmélkedés
Elbukni majd újra felállni

Nincs siker kudarc nélkül. Ezért, minél hamarabb elfogadjuk, hogy a kudarc a fejlődés velejárója, annál hamarabb fogunk bátran és tájékozottan továbblépni. Bár az akadályok elkerülhetetlenek, és időnként lesújtva érezzük magunkat, nem kell lent maradnunk. Bármilyen mélységből ki lehet emelkedni:

1. **Fogadd el az érzéseidet:** Miután felismered, hogy nem jutottál el oda, ahová szerettél volna, vagy nem értél el egy bizonyos célt, egy pillanatra éld meg a csalódottságot — mindeközben ne feledkezz meg arról, hogy milyen messzire jutottál.

2. **Nyugtasd meg magad:** Miután enyhült a csalódottság, emlékeztesd magad arra, hogy rendbe fogsz jönni - *mert ez az igazág*.

3. **Azonosítsd az esetleges hibákat:** Hű voltál az értékeidhez? Megtettél minden tőled telhetőt? Visszatekintve, van-e valami, amit másképp tehettél

volna? Alázatos voltál?

4. Határozd meg mit fogsz tenni: Milyen pozitív lépéseket tehetsz? Ilyen lehet például más szemszögből megközelíteni a problémát, tanácsadóhoz vagy tanárhoz fordulni, vagy egyszerűen csak felhívni valakit, aki hasonló helyzeten ment át.

Olivia Chadwick és Garnet Morris

Gyönyörű reggel volt, a futóösvényt csend övezte. Futás közben, azt az érzést próbáltam felvázolni Garnetnek, amit az ügyfelekkel kapcsolatban érzek, amikor gyakran olyan sokat megosztanak magukról, és betekintést adnak a magánéletükbe, hogy az az érzésem, mintha barátok lennénk.

— De mindig az történik — mondtam —, hogy veszek nekik valamit egy évforduló Alkalmával, vagy egy különlegesebb alkalomkor, vagy a gyerekük születésnapjára, és néha ostobán érzem magam, amiért azt hittem, hogy a kapcsolatunk talán egy kicsit mélyebb, mint amilyen valójában.

Garnet rögtön rávágta: — Hát, te az alkalmazottjuk vagy.

A szavai szíven ütöttek. Ekkor már több mint fél éve edzettünk együtt. Gyakran közös programot szervezett Keenanel, és bölcs tanácsokkal látott el. Az ő szájából hallani ezeket a szavakat annyira fájdalmas volt, hogy hirtelen megálltam a futásból.

— Mi történt? — kérdezte.

Próbáltam semleges maradni, de megdöbbenésemre és szégyenemre könnyek gördültek le az arcomon.

— Nem hiszem el, hogy ezt mondtad — mondtam. — Értem én, hogy alkalmazott vagyok, de ezt annyira... ridegen fogalmaztad meg.

Szipogásom közben láttam ahogy elsápad. Ritkán akadnak el a szavai, de ez most egy olyan alkalom volt.

— Nem úgy értettem, hogy nem kedvelnek téged — mondta. — Csak úgy értettem... ó, szörnyen érzem magam. Nagyon sajnálom.

— Szebben is fogalmazhattál volna.

— Igen, igazad van. Hogyan tehetem jóvá?

— Erre semmi szükség. Jól vagyok.

— Látom, hogy nem vagy jól. Van szemem.

Felnevettem. Tipikus Garnet, hogy egy ilyen pillanatban is megmosolyogtat. — Csak arról van szó, hogy én tényleg mindent beleadok a munkámba és az ügyfelekkel való

kapcsolataimba, és nagyon fájdalmas azt hallani, hogy én csak egy alkalmazott vagyok, és semmi több.
— Tudom. Én nem így tekintek rád. Számomra te egy barát vagy. És méghozzá jó barát. Ezt eddig még nem hallottam tőle, és tudtam, hogy nem az az ember, aki csak azért mondja, hogy jobb kedvre derítsen. Ezzel eléggé sebezhetővé vált, és hirtelen úgy éreztem, át kell ölelnem.

Ez nálam nem volt újdonság — én az ölelgetős típus vagyok, és általában készségesen átölelem a barátaimat —, viszont Garnetnek szüksége van a személyes térre. Mindig kedves, de fizikailag ezt egyáltalán nem mutatja ki.

Abban a pillanatban viszont úgy éreztem, hogy a barátságunk elég szoros lett ahhoz, hogy felülírja a diszkomfortot, amit az öleléssel okozok. Feltételeztem, hogy ugyanolyan fontos vagyok számára, mint ő számomra, de azzal, hogy ezt kimondta, megerősítette a barátságunkat. Széttártam a karjaimat, és átkaroltam őt.

Ez egy emlékezetes pillanatnak bizonyult, mert Garnet jóval magasabb nálam. Amikor megöleltem, úgy éreztem magam, mint egy kislány, aki nem elég magas, hogy átölelje. Mivel ő nem szerette a fizikai kontaktust, nem tudta, hogyan reagáljon. Dermedten állt, de viszonozta az ölelést.

Ez volt életem egyik legkínosabb ölelése, de egyben az egyik legfontosabb is. Most már biztos voltam benne, hogy tényleg barátok vagyunk.

17 edzés

9. Egyedinek lenni azt jelenti, hogy idioszinkráziáink szuperképességek

„És eljött a nap, amikor annak a kockázata, hogy szorosan rügyben maradjon, fájdalmasabb volt, mint a virágzással járó kockázat."

-Anaïs Nin

Nap: 2012. június 7.
Óra: hajnali 5 óra
Edzés: 92

Egy hónap volt hátra a Kananaskis versenyig, és erre készültünk. Garnettel hónapokig toboroztuk és szerveztünk a tíz fős csapatunkat — a verseny megkövetelte, hogy minden résztvevő a váltó egy 10 mérföldes szakaszát teljesítse —, és úgy döntöttünk, hogy én az 5. szakaszt vállalom, amely nagyrészt emelkedő, Garnet pedig a 9. szakaszt. A csoportunk Garnet szombati futócsoportjának tagjaiból állt, valamint néhány olyan személyből, akikkel barátaink révén kerültünk kapcsolatba.

A verseny azon szakasza, amelyet Garnet fog teljesíteni, egy lejtős völgyön keresztül vezet, ahonnan lenyűgöző kilátás nyílik a hegyekre, és meg akartam győződni róla, hogy komplikációk nélkül végig tudja csinálni. Részben azért választottam ezt a szakaszt, hogy élvezze a versenyt, hiszen olyan keményen dolgozott az edzéseken, és olyan sokat fejlődött, amióta elkezdtünk együtt edzeni. Továbbá biztosra akartam menni, hogy nem ütközik fizikai nehézségekbe. A vádliizma továbbra is elég merev volt, ezért nem szerettem volna, hogy egy csúnya görcs miatt fel kelljen adja a versenyt. Hogy ezt lehetőleg elkerüljük, tanácsokkal láttam el, hogy minél kevesebb gondot okozzon neki a sok repülés és a hosszas ülőmunka, amit végez. Az edzést megelőző héten Garnet azt a feladatot kapta, hogy minden nap fusson. Ahogy kocogtunk a szokásos útvonalunkon, látszott, hogy betartotta, amit kértem.

— Garnet, elképesztő mennyit változott az állóképességed — mondtam. — Nem csak ezen a héten, hanem ha visszagondolok arra, hogy milyen volt az első néhány hónapban.

— Nos, ez mind neked köszönhető — válaszolta. — Emlékszel, mit mondtam neked? Akkor döntöttem el, hogy megváltoztatom az életstílusomat, amikor a torontói repülőtéren egy kis futás után szakadt rólam a veríték és alig kaptam levegőt.

— Soha nem fogom elfelejteni.

Néhány percig csendben futottunk. Saskatoonban tavasszal nagyon korán kel a nap, így nem sötétben futottunk, mint télen, hanem napfényben és melegben. A Saskatchewan folyón apró gyémántokban tükröződtek a sugarak, varázslatossá téve a reggelt. Garnet egy olyan témával törte meg a csendet, ami különösképpen foglalkoztatta az utóbbi időben.

— Hogy van Keenan? — kérdezte.

— Nagyszerűen — válaszoltam, és ez így is volt. Két hónap telt el a műtétje óta, és bár még mindig nem volt 100 százalékos állapotban, de már talpon volt és szaladgált. A legelképesztőbb dolog számomra a bátorsága volt; alig várta, hogy olyan dolgokat tegyen meg, amikre korábban nem volt képes. Többet nem is kérhettem volna a beavatkozástól, mint azt, hogy nem

17 edzés

félt a mozgástól a pacemakert megelőző korlátozások miatt. Megkönnyebbülés és öröm volt látni a fiamat tele energiával és szabadon.
— Nagyon örülök — mondta Garnet.
— Tudom — válaszoltam. — Igazából én is akartam kérdezni tőled valamit.
— Csak rajta.
— Tudnál többet mondani az ADHD diagnózisodról? A tanáraitól kapott visszajelzések alapján kezdjük azt hinni, hogy Keenan is ebben szenved.
— Természetesen. És hogy őszinte legyek veled, Olivia, én is ugyanezt gondoltam Keenanról. Nagyon sok hasonlóságot vélek felfedezni Keenan és köztem, amikor annyi éves voltam, mint ő.
— És hogyan birkóztál meg a diagnózissal?
— Nos, ne feledkezz meg róla, hogy én csak negyvenéves koromban tudtam meg. De a lényeg az, hogy az ADHD-s egyének nagy kockázatvállalók — túlszárnyalva azt, amit mások normálisnak tartanak — és nagyon impulzívak tudnak lenni. Nálam ez úgy nézett ki, hogy szeszélyből magas kockázatú pénzügyi döntéseket hoztam, amelyek végül csődhöz vezettek. Épp a viselkedésem megváltoztatásán dolgoztam, amikor megkaptam a diagnózist, és ez fényt vetett néhány olyan cselekedetemre, amelyeket nem értettem. Elkezdtem könyveket olvasni és személyiségteszteket végeztem el, mint például a Kolbe, a Strengthsfinder és a Myers-Briggs. A buddhizmus tanulmányozása is segített megérteni az elmém és a tudatosságom természetét.
— Ez elég sok munkának tűnik.
— Az volt. De az ADHD jó oldala, hogy hihetetlen mennyiségű mentális energiával rendelkezem. Így nem töltöttem sok időt azzal, hogy sajnáltam magam. Problémamegoldó üzemmódba kapcsoltam. Most sokkal megfontoltabb és türelmesebb vagyok, és sokkal együttműködőbb.

Olivia Chadwick és Garnet Morris

— Ez annyira érdekes. Szóval az ADHD majdhogynem a szuperképességedé vált.

— Nem csak majdnem, hanem ez valóban azzá vált.

— Mindannyiunknak vannak szuperképességei. Ezek olyan tulajdonságok és személyiségjegyek, amelyek egyedivé tesznek minket, és vagy a bukásunkat, vagy a sikerünket munkálják. Csak arra kell odafigyelned, hogy ezek a tulajdonságok érted és ne ellened dolgozzanak.

Azonnal tudtam, anélkül, hogy gondolkodtam volna rajta, hogy nekem melyek a szuperképességeim.

Mindig mindent túlgondoltam. Ha valamiért szenvedélyesen rajongtam a legapróbb részletekig képes voltam belemerülni, de néha ott ragadtam. Nagy céljaim voltak azzal kapcsolatosan, hogy minél több emberhez eljusson a mondanivalóm, de abban nem voltam biztos, hogy lesz olyan, aki kíváncsi is rá.

Garnet, mint mindig, tudta, hogy mi jár a fejemben.

— Olivia, a sok szuperképességed egyike az intelligenciád és a maximalizmusod. Csak olyan dolgokat teszel meg, amelyek támadhatatlanok. Ez teszi a munkádat kiválóvá, de ez azt is jelenti, hogy közel sem teszel meg annyit, amennyit megtehetnél.

— Ahogy mondod!

— Szóval, hogyan tudnád elfogadni az Olivia-ságodat, és kihívás elé állítanod magad, hogy nagyobb kockázatot vállalj?

— Mi lenne, ha kölcsönadnál valamennyit a te extrém kockázatvállalási hajlandóságodból, én meg kölcsönadnék a vonakodásomból?

— Nekem már nincs rá szükségem. Látnod kellene a napi rutinjaimat és szabályaimat. Amikor belépek a házba, a kulcsom mindig pont ugyanoda teszem le. Percre pontosan beosztom az időmet. Gyógyszereket is szedek, hogy könnyebben boldoguljak. Sajnálom, de ezt egyedül kell megoldanod!

Néha azt hittem, hogy Garnet mélységes örömét leli abban, hogy kínos helyzetbe hozzon.

— Rendben — mondtam. — Nos, *amellett*, amit már csinálok, arra gondoltam, hogy elindítok egy podcastot. És ha őszinte akarok lenni, visszatart, az a gondolat, hogy felvegyek valamit, és aztán csak úgy... kiküldjem a világba.

— Ez egy csodálatos ötlet és nagyszerű kihívás lenne. Miről szólna a podcast?

— Még nem tudom pontosan. Talán interjúk más egészségügyi és fitneszszakértőkkel, akik ugyanazzal a szemlélettel rendelkeznek, mint én.

— Mi kellene ahhoz, hogy ezt elkezd?

— Egy erős ital?

— Ha-ha. Alig várom, hogy meghallgassam az első epizódot.

Elmélkedés
Önmagunk megtalálása, elfogadása és megvalósítása

Mindannyian rendelkezünk olyan tulajdonságokkal és jellemzőkkel, amelyek elősegíthetik a sikerünket, vagy éppen a vesztünket okozhatják. A lényeg, hogy megtaláljuk ezeket a tulajdonságokat, őszinték legyünk magunkkal szemben arra vonatkozóan, hogy jelenleg hogyan használjuk őket, és szükség esetén változtassunk rajtuk. Kiindulópontként elvégezhetünk néhányat a rendelkezésünkre álló számos személyiségtesztből. Az eredményt felhasználhatjuk arra, hogy elgondolkodjunk azon, hogyan érvényesülnek a különböző tulajdonságok az életünkben. Néhány kérdés, amit feltehetünk magunknak:

- Hogyan használom jelenleg ezeket a személyiségjegyeket?
- Milyen módon tartanak vissza?
- Hogyan tudnám őket kivitelezhető, de ugyanakkor kihívást jelentő módon hasznosítani a céljaim elérése érdekében?

A 2. fejezetben található eszközök segítségével megtervezhetjük a lépéseket a változások gyakorlatba ültetéséhez.

Olivia Chadwick és Garnet Morris

A vizualizációs trénerem egy egyszerűnek tűnő feladatot bízott rám: — Ülj le erre a kanapéra — mondta — és vizualizáld, hol szeretnél lenni három év múlva. Lehunytam a szemem, és lélegeztem. Általában együtt végeztünk irányított vizualizációkat, de most hagytam, hogy az elmém oda vándoroljon, ahová csak akar. Ahogy hagytam, hogy a gondolataim elolvadjanak, még nem sejtettem, hogy egy két részes vizualizációban lesz részem, amely megváltoztatja az életszemléletemet.

Apámmal már régen elhidegültünk egymástól, de az évek során rendszeresen meglátogattuk egymást. Néhányszor találkozott Keenannal, és időnként váratlanul felhívott. Azonban fokozatosan teljesen megszakadt a kapcsolat. A vizualizációm során rájöttem, hogy több mint egy évtizede nem beszéltem vele. Eljutottam arra a pontra, hogy nem igazán tudtam, hogyan találjam meg, és fogalmam sem volt róla, hogy egyáltalán életben van-e még.

Küzdöttem a felismeréssel, hogy nem bocsátottam meg neki, amiért nem akart az életem része lenni. Én szerettem volna részt venni az ő életében, de ez nem volt kölcsönös. Ez annyira elszomorított. Próbáltam megbékélni ezzel, mert úgy éreztem, hogy ez érzelmileg valamilyen módon visszatart engem.

Ahogy hagytam, hogy a testem ellazuljon a kanapén, és a gondolataim elkalandozzanak, apámat láttam magam előtt — és hirtelen nagy melegséget és szeretetet éreztem iránta és irányából. Rájöttem, hogy azért voltam olyan szomorú a kapcsolatunk miatt, mert annyira szerettem őt. Olyan ajándék volt ennyi szeretetet érezni, mert legbelül és mindennek ellenére tudtam, hogy ő tényleg szeret engem, és én is szeretem őt. Még ha nem is volt az életem része, akkor is ott volt az a tudat, hogy szeretve vagyok.

Ezután a vizualizáció más irányt vett, és apámat olyannak láttam, amilyen akkor volt, amikor a nővérem és én még gyerekek voltunk. Nagyon szórakoztató volt, és eszembe jutott, hogy ez volt az egyik dolog, amit a legjobban szerettem benne. Néha leült a földre, és játszott velünk — vagy amikor utaztunk, az aranygyapjú meséjét mesélte és más történeteket a görög mitológiából, amelyek közül néhány valódi mítosz volt, néhányat pedig csak kitalált. Ezeket a történeteket a nővéremnek és nekem, valamint a négy unokatestvérünknek mesélte. Mesélés közben, mi mindig kitaláltuk, hogy hogyan folytatódjon a történet, ő pedig tovább fonta, a mi örömünkre. Ezt a vizualizációt, talán a „jó beszélőképesség" és a „karizmatikus" kifejezésekkel jellemezhetnénk.

— Átadtam neked —mondta. — Szereted ezeket bennem, de benned is ott vannak. Elsöprő érzés volt: valamilyen módon szerződést kötöttem apámmal. Ez a szerződés kimondta, hogy ő nem lesz az életem része, viszont bennem marad. Ő adta nekem ezeket az ajándékokat, és még ha csak ezek maradtak is meg, akkor is használnom kellett őket. Ezek Lélek-adta ajándékok voltak, amelyekkel foglalkozom kellett, és az életem addig nem teljesedik ki, amíg ezt meg nem teszem.

Ennek az élménynek köszönhetően már nem volt számomra kérdés, hogy szeret-e vagy sem. Elkezdtem hálát adni azért, amit apám adott nekem, ahelyett, hogy azon bánkódtam volna, ami hiányzik. A maga módján megtanította nekem, mit jelent mély szeretetet érezni egy másik ember iránt. Bármilyen furcsán hangzott is, mindent latba vetve, az elszenvedett veszteségek ellenére is annyira hálás voltam neki, hogy ő volt az apám. Egyelőre ez elég volt számomra.

Körülbelül 10 percet futottunk csendben, élveztük a friss levegőt és a nyugalmat, mielőtt elkezdődött volna a mozgalmas napunk. Garnet hirtelen megtörte a csendet.

— Ez az ösvény olyan gyönyörű — mondta. — Arra emlékeztet, amit régen a gyerekeimmel csináltam.

— Igazán? Mi az?

— Sokat utaztunk, még akkor is, amikor nem tudtuk megengedni magunknak. Azt akartuk, hogy megismerjék a világ különböző tájainak szépségeit és sokszínűségét válaszolta. Meglátogattuk a Chichén Itzát. Napokig csak erről beszéltek.

— Ez egy csodálatos emlék — mondtam.

— Azt akartam, hogy megtapasztalják az élet varázslatosságát, a körülményektől függetlenül.

Olivia Chadwick és Garnet Morris

10. Választott család

„A barátaim segítségével boldogulok..."

- "With a Little Help from My Friends", Joe Cocker

Nap: *2012. július 12.*
Óra: *hajnali 5 óra*
Edzés: *100*

A Kananaskis 100 mérföldes váltófutást 1987-ben rendezték meg először, és azóta nagy népszerűségnek örvend a tapasztalt és kezdő versenyzők körében egyaránt. A csodálatos tájairól és kihívást jelentő emelkedőiről ismert verseny Kanada egyik legnehezebb, de legélvezetesebb versenye.

Amikor landoltunk Albertában, Garnet és én készen álltunk. Ő képes volt könnyedén teljesíteni egy 10 mérföldes futást, én pedig olyan terepen edzettem, amely felkészített az én szakaszomban található emelkedő leküzdésére.

A verseny reggelén a felkelő nap vörösre és narancssárgára festette az eget. Ámulva néztük, ahogyan a rajtvonal felé tartottunk. Mire az első futók elstartoltak, megeredt az eső, és egész nap esett. Vizes futás elé néztünk. A verseny első szakasza az albertai Longview lábánál kezdődött. Az első futó a csapatunkból az 541-es autópálya egy szakaszát tette meg, amely a kanadai Sziklás-hegységhez visz. Onnan az útvonal egyre dombosabb lesz, mígnem eléri a tengerszint feletti 2.206 métert a Highwood Pass-on, az ország legmagasabb aszfaltozott hágóján.

Én az ötödik szakaszt vállaltam be, a legnagyobb emelkedővel, amely közismerten a verseny legnehezebb része volt. Amikor rám került a sor, mindent beleadtam. Gyors tempóban indultam, és nem tudtam nem visszagondolni arra az egy évre, amit Garnettel a hátunk mögött tudtunk. Olyan nagy utat tettünk meg, nem csak fizikailag, habár hihetetlenül sokat javult az egészsége, hanem érzelmileg és a kapcsolatunkat illetően is. Bár ritkán beszélt róla, Garnet nehéz helyzetben volt, amikor találkoztunk. Nehezen viselte a válását, és magát hibáztatta mindenért, ami tönkrement a házasságában. Most viszont igazi örömét lelte a hétvégi futásokban, a Keenannal töltött időben, és a beszélgetéseinkben.

Én a magam részéről még mindig próbálom felfogni, hogy mennyi mindent megosztott velem, olyan dolgokat, amiket szeretett volna tudni, amikor annyi idős volt, mint én. Sok vezérigazgatóval edzettem, de ritkán fordult elő, hogy a magánéletemről kérdezzenek, nemhogy megpróbáltak volna segíteni. Mindazon bölcsességek, amelyeket Garnet megosztott velem, segítettek abban, hogy világosabban lássam az irányt, amerre haladnom kell. Tudtam, hogy ez kemény munka lesz, de azt is tudtam, hogy van kire számítanom.

Elértem a Highland Pass legmagasabb pontját, és egy pillanatra körültekintettem. A kilátás lenyűgöző volt, ahogy ígérték. Szürke hegyvonulatok, kristály tiszta tavak és lucfenyő borította dombok terültek el alattam. Döbbenetes látvány volt és bevillant, hogy a csapattagok nélkül,

17 edzés

most nem lennék itt. Az ő erőfeszítésük és a csapatmunka nélkül ez az utazás nem valósult volna meg.

Az utolsó futónk éppen akkor ért célba, amikor a nap lement. Kananaskis Village-ben, egy eldugott, de gyönyörű közösségben állt újra össze a csapat, ahol a futók és a segítő csapatok vacsorával és bulival ünnepeltek a Pomeroy Kananaskis Mountain Lodge-ban.

Gyorsan megtaláltam Garnetet és a csapatunk többi tagját. — Megcsináltuk! — mondtam, és mindenkivel pacsiztam.
— Megcsináltuk! — mondta Garnet, miközben váratlanul megölelt.
— Tudtam, hogy sikerülni fog.

Csapatunk el volt ragadtatva az eredménytől. Nem mi lettünk az elsők, de nem is ez volt a lényeg. Garnet elérte egyik fitneszcélját — lefutott 10 mérföldet — és egy csodálatos támogató baráti társasággal futhattunk, akik szintén arra törekedtek, hogy a legjobbat hozzák ki magukból.

Később, miközben körbe ültünk a vacsorához, Garnettel még többet beszélgettünk erről a közösségről. Hónapokkal ezelőtt megosztotta velem, hogy sajnálja azt az időt, amit munkával töltött ahelyett, hogy a volt feleségével és a gyerekekkel lett volna. Bár akkoriban úgy érezte, hogy ez anyagilag szükséges volt, azt is észrevette, hogy munkamániás hajlamai egy részét átörökítette a lányaira. Ahogy idősebb lett, és több önreflexiót végzett, rájött, hogy nincs fontosabb a szeretetnél és a kapcsolatoknál. Ez az elképzelés a választott család fogalmává fejlődött.

— Nemigazán volt családom, és sok mindenkit elvesztettem az évek során — mondta. — Szóval most kezdek rájönni, hogy megválaszthatom, hogy ki legyen a családom.

— Aggódtál valaha is amiatt, hogy sebezhetővé teszed magad? — kérdeztem. — Hogy az emberek kihasználnak téged?

— Minden kapcsolatomat bizalomra alapozom, amit esetleg eljátszhatnak — válaszolta. — Én még mindig hiszek az emberek jóságában, és persze azzal is tisztában vagyok, hogy van, aki visszaél a kedvességel. Ez néha még mindig szívszorító, és mindig kiábrándító. Nem mindenki érdemli meg, hogy közel álljon hozzád. Viszont az sem megoldás, hogy teljesen elzárkózz a félelmeid miatt.

— Voltak ilyen emberek az életemben, Garnet, és azt tapasztalom, hogy a végén neheztelést érzek irántuk, ha megpróbálnak kihasználni. Ezt szeretném elkerülni.

— Mostanában sokat gondolkodtam ezen, Olivia, mert a biológiai családomban nincs senki, akiben megbízhatnék, vagy akihez fordulhatnék. Szóval elmondom, hogyan látom én a családot. Vannak emberek, akikhez közel állok, és sokan, akiknek segítek. Nemrég egy megbeszélésen vettem részt Rich Christiansennel, aki egy nagyon sikeres vállalkozó, és most gazdag családoknak segít az örökösödési folyamatban. A megbeszélés során megemlítettem neki, hogy vannak olyan személyek körülöttem, akik...

Garnet egy pillanatra szünetet tartott, és láttam, hogy könnyekkel küszködik.

— Olyan személyek, akiket szerettem volna, hogy a gyerekeim legyenek — mondta. — Rich kifejtette, hogy szerinte mit jelent a család, és azt mondta: „A családtag az a személy, aki életét adná érted." Ez megdöbbentett. A biológiai családomban nem volt ilyen személy. Viszont amint kimondta, azonnal beugrott legalább egy személy az életemben, aki megfelelt ennek a leírásnak.

— *Ez* — tette hozzá — a választott család.

Mielőtt észbe kaptam volna, én is a könnyeimet törölgettem. Nekem sem volt ilyen kapcsolatom a biológiai családommal, és tudtam, hogy ezzel életem hátralévő részében küzdeni fogok, még akkor is, ha elindultam a gyógyulás útján. Garnet szavait hallva az fogalmazódott meg bennem, hogy semmi bajom nem volt azzal, hogy nem illeszkedtem be abba a családba, ahová születtem, de senki nem tudja egyedül végigcsinálni az életet. Lehet, hogy nehezebb volt megtalálni a választott családot, de Garnet szavait hallva, tudtam, hogy megérte.

Elmélkedés
Az vagy, akikkel körülveszed magad

F üggetlenül attól, hogy erős kötelék fűz a családtagjainkhoz, vagy sem, megválaszthatjuk, hogy kit engedünk be az életünkbe.

A család azokból a személyekből áll, akiket szeretünk, akikre mindig számíthatunk és akik mindig számíthatnak ránk. Úgy tudunk megnyílni ezen személyek felé és elfogadni azt a szemléletmódot, hogy a családunk állandóan növekszik, változik és bővül, ha megnyitjuk a szívünket, megtanulunk bízni, és vállaljuk a sebezhetőséget.

Ugyanakkor gyakorolnunk kell azt a nehéz döntést, hogy elengedjünk valakit, ha az kihasznál minket, vagy ha nem viszonozza kedvességünket. Fájni fog, de végül olyan emberekkel fogjuk magunkat körülvenni, akikre számíthatunk, és akik számíthatnak ránk.

Minden, ami ebben a könyvben le van írva, arra mutat, hogy legyünk megbízhatóak és cselekedjünk helyesen. Ha megbízható személyeket szeretnénk magunk köré, akkor nekünk is megbízhatónak kell lennünk. Ezt jelenti a család, és ilyen lehet mindannyiunk családja, függetlenül attól, hogyan kerültünk össze.

Amikor új emberekkel találkozunk, tartsuk szem előtt, hogy néhányan ismerőseink lesznek, néhányan barátaink, és néhányan a családunk részévé válnak. Az alábbi kérdések segítenek eldönteni, hogy mennyire közel engedjünk valakit magunkhoz:

- Hogyan érzem magam, miután találkoztam ezzel a személlyel? Fontos, hogy pozitív hatással legyen rám, felemeljen, nem pedig lehúzzon, megbántson vagy elbátortalanítson.
- Melyek az értékei, és hogyan illeszkednek az én értékeimhez?
- Törekszik-e ez a személy a folyamatos fejlődésre, és bátorít-e engem is erre?

Nem kell mindenkinek a választott családunkká válnia; valójában nagyon kevés embernek kellene. A kérdések segítségével eldönthetjük, hogy mennyire engedjünk közel valakit, és mikor lenne jobb, ha elengednénk.

Olivia Chadwick és Garnet Morris

Nyolc évbe telt, hogy elkezdjem feldolgozni a testvéreim elvesztését. Augusztusban bejelentettem a feleségemnek, hogy válni szeretnék. A házasságunk már évek óta nem működött, de a szívem mélyén még mindig mély bűntudatot éreztem. Gyanítottam, hogy többet is tehettem volna a kapcsolat megmentéséért, ha lett volna rá eszközöm. Mi több, akkor hagytam el, amikor a dolgok jól alakultak az életemben. A feleségem végig kitartott mellettem az életem zűrös szakaszaiban és akkor is, amikor csődbe mentem — és most, amikor ismét felfelé ível az életem, úgy döntöttem, lelépek.

Az ősz eltelt, de az ünnepek közeledtével, azon kaptam magam, hogy egyre magányosabb vagyok és a bűntudatom is csak egyre nő. Karácsony napján a lányommal töltöttem a napot, bár a volt feleségem is jelen volt. Mivel tudtam, hogy nem vagyok szívesen látott vendég, úgy gondoltam, hogy a legfiatalabb lánytestvéremnél szállok meg. Viszont neki is megvoltak a maga problémái. Függőséggel küzdött, ezért a látogatásom kudarcba fulladt; nem sok időt töltöttem nála. Ahogy elhajtottam, az éjszaka egyre sötétebb lett, az út egyre kevésbé volt látható, és én kezdtem szétesni. Hazafelé menet két gyorshajtási bírságot kaptam 25 perc különbséggel — és amikor beléptem az ajtón, teljesen magam alatt voltam, nyomasztottak a gondolataim. Annyira megijedtem, hogy felhívtam egy orvos barátomat.

Nem tudtam, hogy pontosan milyen közel álltam a szakadékhoz, de a gondolataim nagyon ott jártak. A családomra gondoltam, és arra, hogy néhányan közülük már fiatalon elmentek. Kezdtem azon tűnődni, hogy vajon én is ilyen beállítottságú vagyok-e.

— Nem tudom, mit tegyek — mondtam a barátomnak. — Nem akarom azt tenni, amit az elmém mond, de a gondolataim csak ott járnak. A barátom elbeszélgetett velem, és helyreállt a lelkiállapotom, viszont az élmény mélyen megrázott.

Télen és tavasszal újra tanácsadásra jártam, és a terapeutám ragaszkodott hozzá, hogy szembenézzek a fájdalmaimmal és a traumával, hogy meglazítsam a lelkem mélyén

154

szorosra húzott csomókat. Két olyan mozzanatot kellet feldolgoznom az életemből, amelyek még mindig kísértettek: azt az érzést, amikor gyerekkoromban otthagytak meghalni az autóban, és a két testvérem öngyilkosságát.

A terapeutám a Come Alive nevű helyet javasolta. A The Haven nevű szervezet által szervezett visszavonulásra a Brit Kolumbiában található Gabriola- szigeten került sor. A résztvevők egy vagy több hetet töltöttek el a rusztikus, erdőkkel körülölelt faházakban. Utánanéztem, és megtudtam, hogy a létesítmény csoportterápiával és testmozgással, valamint kínai akupunktúrával segít feldolgozni a traumákat.

Beleegyeztem, hogy részt veszek a visszavonuláson, és egy csodálatos vasárnapi nap érkeztem a szigetre. Ősz volt, a levelek gyönyörű színekben pompáztak, és hűvös szellő fújt a víz felől. Az első nap azzal telt, hogy berendezkedtem, megismerkedtem a csoportommal és felfedeztem a kampuszt. Másnap elkezdtem az akupunktúrás kezelésemet, ami felszínre hozta a dolgokat. Vizualizáltam azt a pillanatot, amikor anyám becsukta mögöttem az ajtót azon a napon, és biztos voltam benne, hogy egyedül fogok meghalni az autóban. Zokogni kezdtem, és levegő után kapkodtam.

Asztmás rohamom volt, ami utoljára 16 éves koromban volt.

Néhány tréner átvitt egy terembe, ahol csak én voltam és ők, és ott maradtak velem, miközben szabad utat adtam minden elfojtott fájdalmamnak és félelmemnek. Összesen négy órát töltöttünk abban a teremben. Viszont még mindig nem voltam teljesen szabad.

Néhány nappal később újabb akupunktúrás kezelésen vettem részt, ezúttal a testvéreim halálára koncentrálva. Ahogy a gyász kezdett elönteni, felismertem valamit, amit addig nem láttam: a bűntudatot. Egy részem ragaszkodott ahhoz a gondolathoz, hogy megmenthettem volna őket, hogy a haláluk valahogy az én hibám volt. Ha közelebb álltam volna a nővéremhez, vagy ha kifizettem volna a bátyám számláit, lehet, hogy a dolgok másképp *alakulnak. Ahogy kezdtem elengedni a gondolatot, hogy a halálesetek az én hibámból történtek, ismét zokogásba törtem ki. A felszabadulással együtt jött a meggyőződés, hogy elengedhetem őket, hagyhatom őket békében nyugodni, és megengedhetem magamnak is, hogy békét találjak.*

Olivia Chadwick és Garnet Morris

Utószó

„Végtére csak a kedvesség számít."

-Jewel

A kananaskisi versenyt követően, Garnettel ritkábban edztünk közösen, viszont a kapcsolat nem szakad meg — épp ellenkezőleg. Barátságunk tovább mélyült, és gyakran fordultam hozzá személyes és üzleti ügyeimmel. Mivel apám nem volt része az életemnek, nagyon hálás voltam a tanácsaiért. A kapcsolatunk új szintre, lépett amikor hosszas önvizsgálat után véget vetettem a kapcsolatomnak Keenan apjával. Garnetnek volt egy lakása Saskatoonban, és ragaszkodott hozzá, hogy olyan áron adja ki nekem, amit megengedhetek magamnak. Az ajánlata nélkül nem tudtam volna változtatni az életemen. Egy olyan kapcsolatban ragadtam volna, amely bár szeretetteljes volt, de számtalan más okból nem működött. Én nagyon nehezen bízok meg az emberekben, viszont, ez az ajánlat is azt bizonyította, hogy Garnetre mindig számíthatok. Nem volt rászorulva, hogy nekem adja ki a lakást; bérbe adhatta volna másnak is több pénzért. Azért tette, mert Keenan és az én jóllétemet nézte.

Ahogy a barátságunk fejlődött, továbbra is kihívások elé állítottuk egymást. Miután Garnet újra megnősült, ő és felesége elkötelezték magukat a választott család mellett. Mindkettőjüknek voltak gyermekei, korábbi házasságaikból, de nem volt igazi kapcsolatuk a családjukkal. Közös döntésük volt, hogy olyan embereket fogadnak be a belső körükbe, akik olyanok, mint a családtagok. Mindketten határozottan úgy vélték, hogy a család a legfontosabb dolog az életben.

Körülbelül öt év elteltével a családjaink nagyon közel kerültek egymáshoz. Én is újra férjhez mentem, és egy új lakásba költöztem Saskatoonban. Egy nap Garnet elújságolta, hogy behívta Keenant a választott családjába. Megdöbbentem és le voltam sújtva. Évekkel ezelőtt szó nélkül hagytam volna, és úgy tettem volna, mintha örülnék Keenannak, miközben a rajtam esett mély sebet nyalogatnám. Nem lett volna bátorságom szóvá tenni. Azonban Garnettel olyan barátságot ápoltunk, hogy mindig őszintén tudtam beszélni az érzéseimről.

— Ez hihetetlenül nagylelkű — mondtam — de mi lesz velem?

Garnet később elmondta, hogy amikor ezt mondtam olyan volt, mintha kést döftem volna a szívébe. Ő úgy fogta fel ezt, hogy én férjnél vagyok, stabil családi életet élek, és azt szerette volna, hogy Keenannak még több támogatásban legye része.

— Egyszerűen borzalmasan éreztem magam — mondta. — Én nem így tekintettem erre a helyzetre, de amikor feltetted a kérdést, az ment át az agyamon: *hogy lehet, hogy én nem így gondolkodtam?*

Garnet kiterjesztette a meghívását rám is, ami formabontó, de ez a családi felállás felel meg a mi kis egységünknek. Ráadásul az, hogy Garnet képes volt meghallgatni engem abban a helyzetben, nagy hatással volt rám,

17 edzés

mivel segített lefaragni az egyik legmakacsabb téglámból: abból, amelyik az önbizalmam ellen dolgozik.

A kockázatvállalás, például amikor kiállsz magadért, elutasítással járhat, vagy más módon is sérülhetsz. Viszont néha segít a fejlődésben.

Az az év, amikor Garnettel együtt edzettünk, egymás tanítottuk, közösen tanultunk és növekedtünk, életem egyik legmeghatározóbb éve maradt. Több száz futás — és nyújtás, és súlyemelés —, valamint sok olyan életbevágó lecke, amit soha nem fogok elfelejteni.

Következtetés: integritással élni az életet

„Az a baj a világgal, hogy túl kicsire rajzoljuk azt a kört, amely a családunkat ábrázolja."

-Teréz anya

Végtére az életben az a legfontosabb, hogy tisztességesen éljünk.

Integritás nélkül — amit a szótár úgy definiál, mint „becsületesség és erkölcsi fedhetetlenség" — nem lehet sikeres életet élni, ami nem más, mint minden nap amikor tükörbe nézel el tudod mondani, hogy azt az életet éled, amire teremtettél.

A könyv minden egyes fejezete egy-egy olyan aspektust vázol fel, amely azon elvek és viselkedésmódok kialakításához szükséges, amelyek segítenek a legjobbat kihozni magunkból. Összefoglalásaként szeretnénk megosztani néhány gondolatot, amelyek segítenek integritásunk minden egyes aspektusának fejlesztésében:

17 edzés

Téglák

Ennek a folyamatnak az egyik legnagyobb kihívást jelentő része a fiatal korban belénk nevelt életszemlélet azonosítása. Tegyük fel magunknak a kérdést: őszintén válaszoltunk arra a kérdésre, hogy melyek a tégláink? Mélyre leástunk a családunktól örökölt meggyőződéseinkbe, és azonosítottuk azokat a hamis korlátokat, amelyeket mások szabtak nekünk és képességeinknek?

Szokások

Miután azonosítottuk a tégláinkat, ideje nekilátni a nehéz munkának, a téglák eltávolításának. Amikor elkezdjük felvázolni azokat a szokásokat, amelyeken változtatni szeretnénk, nem kereshetünk kifogásokat. Győződjünk meg arról, hogy nem igazoljuk a rossz szokásainkat, vagy nem erősítünk meg egy olyan régi meggyőződést, amely szerint képtelenek vagyunk a változásra.

Álmok

Az álmok azok a dolgok, amelyeket igazán akarunk, amire a szívünk vágyik. Tedd fel magadnak a kérdést: amikor álmodozol, a saját képzeletedből merítesz, vagy abból, amit valaki más képzelt el számodra? Valóban ezekre a dolgokra vágysz?

Értékek

Az integritás egyik legfontosabb aspektusa az értékeink azonosítása és beépítése a mindennapi életbe. Elég időt fektettünk az önreflexióba ahhoz, hogy pontosan meghatározzuk, mi a legfontosabb számunkra? Miután ezt megtettük, készek vagyunk-e elfogadni, hogy az értékeink szerint élni egy életre szóló utazás. Egy olyan utazás, amelyben minden egyes nap őszinteknek kell lennünk önmagunkkal.

Nagylelkűség

Amikor a nagylelkűségre gondolunk, gyakran az adakozásra gondolunk — adhatunk pénz, vagy az időnkből. A nagylelkűség azonban ennél sokkal többet takar. Azt jelenti, hogy megtesszük, azt, amit mondunk, akkor, amikor mondtuk. Azt is jelenti, hogy a helyes dolgot tesszük — azt, ami tükrözi az értékeinket, még akkor is, ha ez a dolog nagyon kellemetlen. Ez az adakozás igazi szelleme.

Célok

Túl gyakran beszélünk arról, hogy mit akarunk tenni, mit akarunk birtokolni vagy mi szeretnénk lenni, anélkül, hogy konkrét terveket készítenénk annak elérésére vagy megvalósítására, amit célul tűztünk ki. Ez nem csak hogy nem visz előre, de megerősíti azt a felfogást, mely szerint nem kaphatjuk meg vagy nem tehetjük meg, amit akarunk. A *konkrét* célok kitűzése, álmaink megvalósításának alapvető feltétele. Ha több a beszéd, mint a tett, itt az ideje, tollat ragadni és konkrét tervet készíteni.

Diszkomfort

A célok eléréséhez vezető út rögös lesz. Ha jó úton haladunk, akkor jó messzire el fogunk távolodni a komfortzónánktól. A jó hír az, hogy a diszkomfort jelzi, hogy jó úton haladunk. Ha megtaláljuk a módját annak, hogyan győzzük le a kellemetlen helyzeteket, például légzési gyakorlatokkal vagy mantrázással, akkor integritással lépünk át életünk következő szakaszába.

Rugalmasság

Amikor a céljaink eléréséhez vezető úton akadályokba ütközünk, őszintének kell lennünk. Mit rontottunk el és miért? Az akadályokat nem tudjuk befolyásolni vagy irányítani, viszont azt mi döntjük el hogyan reagálunk rájuk. Megvizsgálhatjuk a kudarcainkat, hogy kiderítsük volt-e valami, amit másképp csinálhattunk volna. Viszont, újra hangsúlyozom, *őszintének kell lennünk* — és újra fel kell állnunk.

Egyediség

Ahogy haladunk a siker felé vezető úton, felfedezhetjük azokat a dolgokat, amelyek egyedivé tesznek minket. Ezek lehetnek erősségek vagy gyengeségek; a lényeg, hogy ezek az apró csorbák, ezek a horpadások a páncélzatunkon, ezek tesznek minket különlegessé. Ezek tesznek minket azzá, akik vagyunk, ezek tesznek képessé arra, hogy úgy éljük az életünket, ahogy számunkra a legjobb, nem pedig úgy, ahogy a családunk, a főnökünk, vagy a barátaink számára jobb. Mi vagyunk a saját titkos fegyverünk és a saját vezércsillagunk.

Választott család

Kik tartoznak a belső köreinkbe? Ki ne ismerné a régi mondást: „Az vagy, akivel körülveszed magad." Vajon olyan emberekkel töltjük-e az időnket, akik felemelnek minket, olyanokkal, akik az életüket adnák értünk — és vajon mi megtennénk ugyanezt értük?

I. függelék

Kérdések, amelyekre
választ kell találnod

Amikor elkezdünk őszinték lenni önmagunkkal, megtanuljuk, hogy semmit sem érhetünk el az életben anélkül, hogy brutálisan őszinték lennénk, amikor a tükörbe nézünk. Ez egy nagyon nehéz feladat, amit több éves gyakorlást igényel.

Ez részben annak köszönhető, hogy több oldalunk van, különböző szerepeket töltünk be, és néha mi magunk sem tudjuk, hogy melyik az igazi énünk. Amikor például hazalátogatunk a szülői házba, újra gyerekeké válunk és elvárjuk, hogy valaki mást mossa ki a szennyest és mosogasson el helyettünk. Ez nem azért van, mert inkompetensek vagy felelőtlenek lennénk, hanem azért, mert a körülöttünk levő személyek és a helyzet, amiben vagyunk, hatással van az énünkre.

Mindezentúl, a társadalmi normák, a helyes és helytelen, a perfekcionizmus és a lázadás rétegei alatt ott lapul az az énünk, amely közelebb áll ahhoz, akinek valójában hisszük magunkat.

Amikor választ keresünk ezekre a kérdésekre, figyelembe kell vennünk a múltunkat és a jövőnket is. Kik vagyunk most, és kivé akarunk válni? Nem a „kellene" határozza meg a válaszainkat – hogy mit *kellene* tennünk, vagy hogy kinek *kellene* lennünk. Hallgassunk a szívünkre, amikor döntéseket hozunk.

A válaszok változni és alakulni fognak, ahogyan mi is változunk az életünk során. Ez azt jelenti, hogy minden nap kíváncsiak kell lennünk önmagunkra. Szem előtt kell tartanunk, hogy a kis dolgok összeadódnak. Ez a könyv arra hivatott, hogy megmozgassa a képzeletet. Azt kéri tőlünk, hogy vegyük fontolóra azt, ami egykor talán lehetetlennek tűnt — bár ez nem azt jelenti, hogy csak a nagyszabású tettek változtatják meg a jövőnket. A legtöbb változás apró lépésekben történik, néha már a puszta szándék is sokat jelent. A következetesség ugyanolyan fontos a reggeli beágyazásnál, mint a tanulásban. Egy köszönőkártya elküldése ugyanannyi szeretetet küld ki a világba, mint egy jótékonysági adomány. Az apró dolgok nem azért fontosak, mert megváltoztatják a világot; azért fontosak, mert összeadódnak, és bennünk hoznak változást.

A folyamatos önismeret csodálatos útján haladva, az alábbi kérdéseket tehetjük fel magunknak, amikor úgy érezzük, hogy elakadtunk:

Amikor meg akarunk szabadulni egy szokástól:

1. Milyen problémát oldana ez meg?
2. A döntéseim összhangban vannak-e azzal, aki lenni akarok, és ami fontos számomra?
3. Mivel tudom helyettesíteni ezt a szokást?

Amikor kihívás előtt állunk:

1. Hogyan győztem le az ilyen jellegű kihívásokat a múltban?

2. Ha nem álltam még szemben hasonló kihívással, hogyan győztem le *más* kihívásokat a múltban?
3. Kitől kérhetek segítséget?

Amikor úgy érezzük elakadtunk:

1. Az értékeim szerint élek?
2. Melyek azok a korlátozó cselekedetek vagy meggyőződések, amelyek ide vezettek?
3. Visszatart a félelem?

Amikor nehéz döntés előtt állunk:

1. Mit mond a szívem?
2. Melyik döntés van összhangban az értékeimmel?
3. Van-e olyan korlátozó meggyőződésem, amely szerint, nem választhatom valamelyik lehetőséget?

Amikor sikeresek vagyunk:

1. Milyen magatartások és cselekedetek vezettek ide?
2. Kinek használ ez a siker rajtam kívül?
3. Mi a következő lépés?

Vizualizációs gyakorlat arra az esetre, ha úgy érezzük, hogy megrekedtünk:

Lásd magad idősen, amint egy szép kertben ülsz, és az eddigi életeden elmélkedsz. Visszatekintve, mély elégedettséget és öröm tölt el. Bár voltak

17 edzés

kihívások, és az élet néha kegyetlen volt, sikerült a legjobb tudásod szerint hűnek maradnod önmagadhoz.

Milyen tulajdonságokat és személyes értékeket vélsz felfedezni? Vegyél tudomást minden olyan tevékenységről, amelyek arról tanúskodnak, hogy ezen értékek szerint éled az életed.

II. függelék

Ajánlott irodalom

A z olvasás fontos szerepet játszik abban, hogy nyitottak legyünk a tanulásra. Több száz nagyszerű könyv áll rendelkezésünkre, hogy segítsen minket az utunkon, de szeretnénk ismertetni a mi kedvenceinket. Ez a lista olyan könyveket tartalmaz, amelyek a legnagyobb változást hozták az életünkben.

Keddi beszélgetések életről és halálról - Mitch Albom

Szeretett egyetemi tanára halálos betegségének híre kínál szomorú lehetőséget arra, hogy volt diákjával újra találkozzon és elbeszélgessen. A beszélgetések során, a diák — immár felnőtt férfiként — megérti, mi az, ami igazán számít az életben.

Radikális elfogadás - Tara Brach

Tara Brach mindfulness-tanár RAIN (Recognize, Allow, Investigate, Nurture) nevű meditációs gyakorlatával ismerkedhetünk meg. Brach célja, hogy rávegye az olvasót, hogy túllépjen a korlátozó meggyőződéseken és fájdalmas érzéseken, és bölcsességgel haladjon tovább az úton.

I Thought Is Was Just Me: Women Reclaiming Power and Courage in a Culture of Shame - Brené Brown

A világhírű kutató és több mint fél tucat könyv szerzője megosztja velünk a szégyenről, a sebezhetőségről és a nőkről szóló gondolatait és filozófiáját. Brown arra bátorítja az olvasót, hogy ismerje meg - és fogadja el - hibáit és sebezhetőségét, és ossza meg azokat a világgal.

The Secret – A titok - Rhonda Byrne

A 2006-ban megjelent *The Secret – A titok* bestseller sokak életére gyakorolt nagy hatást. A könyv a vonzás törvényének gondolatát vizsgálja, amely azt állítja, hogy ha arra gondolunk, amit akarunk vagy amire szükségünk van, akkor befolyásolhatjuk a körülöttünk zajló eseményeket. A könyv azt sugallja, hogy a Titok az élet minden területén alkalmazható.

A csodák tanítása könnyedén - Alan Cohen

Alan Cohen az eredeti *A csodák tanítása* tanítványa volt. Ebben a kötetben a könyv központi üzeneteit veszi át, és a leglényegesebb pontokat tárgyalja. A kötet a szeretetről, a megbocsátásról és a belső békéről tanít.

The Wisdom and Teachings of Stephen Covey

Stephen Covey, *A kiemelkedően eredményes emberek 7 szokása* című, rendkívüli hatású könyv szerzője 2012-ben halt meg, eszmék és gyakorlatok gazdag örökségét hagyva maga után. Ebben a kötetben a vezetői képességekről és az időgazdálkodásról szóló tanításait találja meg az olvasó.

A mindent vagy semmit házasság - Eli J. Finkel

A házasság fejlődésével egyidőben fejlődtek a házassággal kapcsolatos bevált módszerek is. Eli J. Finkel szociálpszichológus olyan titkokat tár fel, amelyek működőképessé teszik a házasságot, és lehetővé teszik, hogy az egyének növekedjenek és fejlődjenek a házasságon belül.

How to See Youself as You Really Are - Tendzin Gyaco, 14. dalai láma

Őszentsége a dalai láma ebben a könyvben azt állítja, hogy minden ember önmagának megismerése révén érheti el a boldogságot és adhat értelmet az életének. A könyv tanításokat, gyakorlatokat és személyes anekdotákat kínál útravalóul.

Erő kontra erő - David R. Hawkins

Ebben a könyvben David R. Hawkins pszichiáter azt vizsgálja, hogyan teljesedhetünk ki a szeretet és bátorság, és az erőszak és harag világában.

Gondolkozz ezeken - Krishnamurti

A néhai filozófus és spirituális vezető, Krishnamurti, ebben a beszélgetésekből és esszékből álló gyűjteményben, a modern személyiség állapotáról és az ezzel járó összes problémáról fejti ki gondolatait. A vitatott témák között szerepel az oktatás, gondoskodás bolygonkról, a félelem, a tisztelet és az öröm.

Bird by Bird - Anne Lamott

A látszólag írástechnikai kisokos sokkal mélyebbre szánt. Anne Lamott arra tanít hogyan legyünk türelmesek, hogyan birkózzunk meg az ijesztőnek tűnő feladatokkal, és hogyan nézzünk szembe a kihívásokkal, lépésről lépésre.

A főnix szárnyalása - Elizabeth Lesser

Néha életünk legnehezebb időszakai bizonyulnak a legfontosabbnak. Erre döbbent rá Elizabeth Lesser is egy több évig tartó, változásokkal és zűrzavarral teli, időszak után. A könyv arra tanít, hogyan fogadjuk el a változásokat, és hogyan vegyük észre, hogy körülöttünk mindenki pontosan ugyanazokon a dolgokon megy keresztül — hogy mindannyian együtt vagyunk benne.

A félelemről - A viharok átvészeléséhez nélkülözhetetlen bölcsesség - Thich Nhat Hanh

Ebben a klasszikus útmutatóban Thich Nhat Hanh, zen mester és vallási vezető, útmutatást nyújt a félelem megértéséhez és legyőzéséhez. A könyv feltárja a félelem forrásait és megtanít szembenézni velük.

Tanítások a szeretetről - Thich Nhat Hanh

Ez az útmutató arról szól, hogyan szeressünk jól minden kapcsolatban, beleértve az önmagunkkal való kapcsolatot is. A kötet Buddha tanításaiból, valamint személyes tapasztalatokból és anekdotákból merít. Thich Nhat Hanh elárulja, hogyan szerethetünk jobban a tudatos jelenlét és a másokra való odafigyelés segítségével.

A négy egyezség - Don Miguel Ruiz

Don Miguel Ruiz vallási vezető és gondolkodó a toltékok négy alapvető üzenetét vázolja fel. A kötetből kiderül, hogy a boldog és sikeres élet kulcsa az, ahogyan önmagunkhoz viszonyulunk, és ahogyan felelőséget vállalunk a világban.

A rang nélküli vezető - Robin Sharma

Ebben az útmutatóban Robin Sharma kanadai író bevált módszereit ismerteti meg az innováció, a befolyás, a lehetőségek felismerése és egyéb hasonló területeken. A sikeres előadó módszerei, korábban, csak kevesek számára voltak elérhetőek.

Jövő - Sokk - Alvin Tofler

Alvin Toffler 1970-ben megjelent kötete a gyors társadalmi változások pszichológiai hatásait vizsgálja. A cím egy öt évvel korábban írt cikkéből származik, amelyben Toffler azt vizsgálta, hogy miként hat az átlagemberre, a rövid idő alatt bekövetkező nagy — többnyire technológiai jellegű — változás.

Alone Together - Sherry Turkle

Sherry Turkle, az MIT kutatója, ebben az úttörő kutatásban azt vizsgálja, hogy a technológia hogyan keltette bennünk azt az illúziót, hogy kapcsolódunk egymáshoz, miközben valójában magányosabbak vagyunk, mint valaha. A mű több száz interjún alapul, és bár Turkle számos nyugtalanító tendenciára bukkant kutatása során, talált valami megepőt is: reményt.

Ideas - Peter Watson

Az eszmetörténet e vizsgálatában Peter Watson több mint egymillió évet utazik vissza a múltba, az eredeti gondolkodás nyomában, majd végigvezeti az olvasót a különböző korszakokon: az ókori görögöktől a reneszánszon és darwinizmuson át az internet világáig. Az utazás során megfigyelhetjük hogyan formálták az eszmék a kultúránkat és az életünket.

Visszatérés a szeretethez - Marianne Williamson

Helen Schucman *A csodák tanítása* című könyvéről szóló elmélkedésben, a szerző, a belső béke eléréséhez vezető útját mutatja be, amelyen a szeretet vezérelte. A kötet olyan fogalmakat vizsgál, mint a felsőbb hatalommal való kapcsolat, a megbocsátás, a boldogtalanság és a félelem.

III. függelék

Önmagunk megismerése:
Pszichometriai - és személyiségtesztek

Az előző fejezetekben hangsúlyoztuk, hogy az önismeret fontos alapja az integritásnak és a személyes növekedésnek. Ahhoz, hogy megtaláljuk a hajtóerőt a korlátozó meggyőződéseink leküzdéséhez és a hiteles élethez, ismernünk kell saját erősségeinket és egyedi képességeinket. Az alábbi tesztek hasznos útmutatást nyújthatnak az erősségeink felfedezésében.

Bár egyetlen teszt sem képes teljes mértékben kimutatni a személyiségünk összetettségét, mindegyik értékes betekintést nyújthat bizonyos aspektusokba, lehetővé téve számunkra, hogy veleszületett adottságainkat kiaknázzuk, ahelyett, hogy ellenállnánk nekik vagy elkülönítenénk őket.

Kolbe Index

A Kolbe-index egyedisége abban rejlik, hogy nem az intelligenciát, a személyiséget vagy a társadalmi viselkedést vizsgálja, hanem az ösztönös cselekedeteinket, amikor valamivel küzdünk. A teszt négy különböző kategóriában pontoz, így világos képet kaphatunk arról, hogy mely tendenciáink dominálnak.

A Kolbe-index eredményei segítségével jobban megismerhetjük a modus operandinkat, azaz a ránk jellemző egyedi módszert, amely alapján cselekszünk.

Ha szeretnéd kitölteni a KOLBE A Index tesztet, látogass el az alábbi weboldalra:

https://secure.kolbe.com

Myers-Briggs típusindikátor (MBTI)

A széles körben használt MBTI személyiségteszt kitöltésére számos online forrás áll rendelkezésre. Eredetileg, a rendszer célja a személyiségtípusnak megfelelő foglalkozás meghatározása volt. Ma a teszt arra szolgál, hogy megismerjük személyiségünket, ízlésünket és ellenszenvünket, az erősségeinket, gyengeségeinket, karrierpreferenciáinkat és a más emberekkel való kompatibilitásunkat.[1]

Ha szeretnéd kitölteni a Myers-Briggs típusindikátor tesztet, látogass el az alábbi weboldalra:

https://www.themyersbriggs.com

Plum

A Plum egy hatékony pályaorientációs platform, amely segít a megfelelő karrierút formálásában, az egyéni adottságaink és képességeink alapján. Az emberközpontú szemléletet átfogó adatelemzéssel ötvözve, olyan

---

1. Ohwovoriole, T. (2024. augusztus 27.). *Which personality types are most and least compatible?.* Verywell Mind. https://www.verywellmind.com/personality-types-compatibility-8686793.

Olivia Chadwick és Garnet Morris

karrierjavaslatokat generál, amelyek átlagosan négyszer pontosabbak, mint a konkurens eszközök.

A Plum pályaorientációs kérdőív kitöltéséhez látogass el az alábbi weboldalra:

https://www.plum.io

StrengthsFinder

A StrengthsFinder tesztet, amely ma CliftonStrengths néven ismert, Don Clifton, a pozitív pszichológia egyik meghatározó alakja fejlesztette ki. A teszt rávilágít az adottságainkra és az „ismétlődő gondolkodási, érzelmi és viselkedési [mintáinkra]." Ez az információ lehetővé teszi számunkra, hogy azon készségek fejlesztésére fordítsunk több időt, amelyeket alapvető erősségekké formálhatunk.

A StrengthsFinder teszt az alábbi weboldalon található:

https://www.gallup.com/cliftonstrengths

A szerző megjegyzése

A kötetben található tanítások a hitvallásom, és eszerint élek — nem általában, hanem mindig.

Szívem mélyén hiszem, hogy bárki, aki veszi a fáradságot, hogy így álljon hozzá az élethez, és *eszerint éljen* — azaz nem áltatja magát, hanem szembenéz saját lényének igazságaival —, bármit elérhet, amire csak vágyik.

Kezdj minden napot azzal, hogy mit tudsz tenni másokért, a könyvben meghatározott keretek között, és boldogulni fogsz.

Nap mint nap izgatottan nézek az élet kínálta lehetőségek elé, úgy a saját életemben, mint a másokéban, és erőfeszítéseket teszek annak érdekében, hogy minden lehetőséget megragadjak. Ha mindannyian ezt tennénk, a világ sokkal jobb lenne.

Küldetésemnek tekintem, hogy segítsek azokon, akik ugyanezt érzik, de támogatásra van szükségük ahhoz, hogy kifejlesszék azokat az eszközöket, amelyek segítségével elindulhatnak ezen az úton.

Az általam említett út e könyv részeinek összessége, nevezetesen a célok, a kitartás, az értékek, a tisztesség és mindenekelőtt a nagylelkűség: hajlandónak lenni segíteni, bármiben, amiben segíteni tudunk.

— Garnet Morris, 2024

A szerzőkről

Olivia Chadwick, okleveles kineziológus, mentális teljesítmény tréner, okleveles edzésfiziológus, podcaster, előadó és a Movement Medicine alapítója, amely a maga nemében az első olyan edzői praxis, amely az edzéstudományok alkalmazása terén világszínvonalú vezetők integrált csapatából áll. A *She Knew Better* podcast házigazdájaként célja, hogy olyan vendégeket mutasson be, akik szakértelemmel és szeretettel segítenek az akadályok leküzdésében, a hibák és kudarcok kezelésében és a fejlődésben. Chadwick a saskatchewani Saskatoonban él, Kanadában. A *17 edzés* az első könyve.

Garnet Morris vállalkozó, több mint 40 éves tapasztalattal a biztosítási ágazatban. Mindössze középiskolai végzettséggel megalapította a The Targeted Strategies Groupot (TTSG), a vezető kanadai brókercéget, amely a vállalkozók és családtagjaik vagyonának védelmével, megőrzésével és optimalizálásával foglalkozik. 49 évesen 59 kilót fogyott az egészsége érdekében. Ezt követően az edzés, az önfejlesztés és az élethosszig tartó tanulás szenvedélyévé váltak. Morris Saskatchewanban született, ott nevelkedett és jelenleg is ott él. *A 17 edzés* az első könyve.

Ha szeretnél többet megtudni Olivia Chadwickről és Garnet Morrisról, olvasd be az alábbi QR-kódot:

A kiadóról

LEGACY
launch pad
PUBLISHING

A Legacy Launch Pad egy kis kiadó, amely a világ különböző részeiről származó vállalkozókkal működik együtt. Ha szeretnél többet megtudni a Legacy Launch Pad kiadóról, látogass el az alábbi weboldalra:

www.legacylaunchpadpub.com